질병과 의료

홍석철 · 최윤지

18

도서출판 해남

질병과 의료

초판1쇄 인쇄 2025년 5월 26일
초판1쇄 발행 2025년 5월 31일

저 자 홍석철·최윤지
발행인 노현철
발행처 도서출판 해남

출판등록 1995. 5. 10 제 1-1885호
주 소 서울특별시 마포구 마포대로8길 9 영명빌딩 405호
전 화 739-4822
팩 스 720-4823
이 메 일 haenamin30@naver.com
홈페이지 www.hpub.co.kr

ISBN 978-89-6238-818-3 93320

이 저서는 2021년 대한민국 교육부와 한국학중앙연구원(한국학진흥사업단)을 통해 K학술확산 연구소사업의 지원을 받아 수행된 연구임(AKS-2021-KDA-1250002).

머리말

무병장수는 인류의 오랜 바람이고, 지금도 우리는 건강한 삶을 가장 많이 기원합니다. 그만큼 건강은 삶의 질을 좌우하는 매우 중요한 조건입니다. 건강은 정신적으로나 육체적으로 아무 탈이 없고 튼튼한 상태를 의미합니다. 달리 말하자면, 질병이 없는 상태로 정의할 수 있습니다. 지난 100여 년간 우리나라의 발전은 질병 퇴치에서 비롯되었다고 해도 과언이 아닙니다. 질병 퇴치는 건강한 삶뿐만 아니라 높은 인적자본과 생산성, 그리고 경제 성장의 토대가 되었기 때문입니다. 그리고 질병의 퇴치 과정에서 의학 지식과 기술을 활용하여 질병을 예방하고 치료하는 의료의 역할이 절대적으로 중요하였습니다.

하지만 질병 퇴치에 성공하고 고도성장을 이룬 한국 사회는 새로운 건강의 위기에 놓여 있습니다. 코로나19 팬데믹을 경험하였듯 유해 질병의 위협이 여전하고, 급격한 인구고령화와 건강 행태 변화로 만성질환에 따른 질병 부담도 빠르게 늘고 있습니다. 이 같은 위협 속에서, 세계적으로 칭송을 받던 한국의 의료 체계와 건강보험의 지속 가능성은 날로 취약해지고 있습니다. 문제 해결을 위해 정부가 추진하였던 의사 공급 확대와 의료 체계 개혁은 사회적 갈등을 초래하고 갈 길을 잃어 가고 있습니다.

이 책은 한국의 '질병과 의료'의 장기적인 변화를 경제학적 관점에서 살펴보고, 한국 사회가 직면한 위기 극복을 위한 교훈을 찾고자 기획하였습니다. 질병과 의료는 그 자체로는 의학이나 역학이 다루는 주제이지만, 경제학 관점에서도 중요한 주제입니다. 건강 증진에 효과적인 질병 퇴치와 관리, 그리고 의료 자원과 재정의 활용을 위해서는 자원의 효율적 배분과 합리적 의사결정을 연구하는 경제학 이론이 유용합니다. 그래서 이 책은 지난 100년간 한국인의 건강을 결정한 질병과 의료 환경의 변화를 5개 시기로 구분하여 따라가면서, 질병과 의료에 관한 다양한 경제학 이론과 실증 연구를 소개하고자 하였습니다. 이 책을 통해 독자들께서 "경제학자들이 질병과 의료에 관해 이런 연구를 하고 있구나"라는 관심을 가질 기회가 되기를 희망합니다.

끝으로 이 책의 기획부터 출판까지 인내심을 가지고 지원해 주신 서울대학교 경제학부의 조영준 교수님과 K학술확산 연구센터에 깊이 감사드립니다. 또한 초고에 대해 유익한 의견을 주신 세종대학교 경제학과의 김경배 교수님과 한국개발연구원의 김동영 박사님, 그리고 훌륭한 편집과 출판을 맡아 주신 도서출판 해남에도 감사의 말씀을 드립니다.

2025. 4

홍석철·최윤지

차례

들어가며: 한국인의 건강 추이

한 국가 내 거주하는 국민의 평균 건강 수준을 측정하는 대표적인 지표는 출생 시 기대수명•이다. 수명은 환경·기술·제도적 미흡으로 발생하는 질병이나 불의의 사고에 따른 국민 건강의 저하를 측정하기도 하며, 나이가 들면서 유전·환경·행태 요인이 축적되어 발생하는 만성질환 위험에 대한 국가의 기술적·정책적 대응 정도를 반영하기도 한다. 따라서 기대수명은 국민의 장기적인 건강 추이와 그 변화의 배경을 살펴보는 데 적합한 지표이다.

기대수명: 특정 연도의 출생자(연령 0세의 사람)가 향후 생존할 것으로 기대되는 평균 생존 연수를 의미한다.

그렇다면 한국인 건강 추이의 특징은 무엇일까? 그림 1에서는 지난 100년에 걸친 한국인의 출생 시 기대수명을 제시하고 있다. 이와 함께 미국인의 출생 시 기대수명을 제시하여 두 국가 간의 차이를 비교해 볼 수 있다.

제시된 출생 시 기대수명 추이에서 주목할 시기는 다섯 곳이다. 첫째, 기대수명이 50세 미만인 시

|그림 1| **한국과 미국의 출생 시 기대수명 추이**

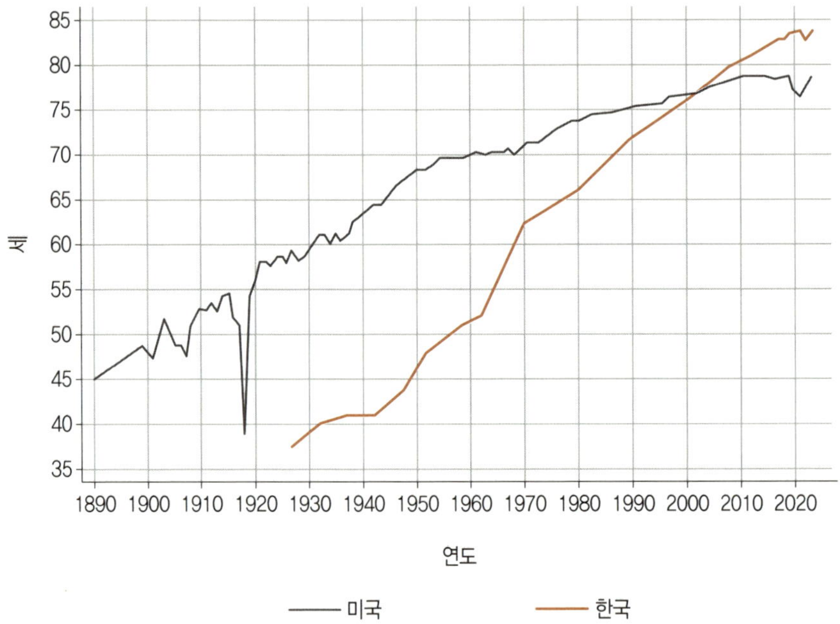

주: 남녀 평균값이며, 미국은 모든 인종을 포함한 추정치임.
자료: 한국의 기대수명 자료는 홍석철(2018)과 국가통계포털(KOSIS)에서, 미국의 기대수명 자료는 Carter *et al.*(2006)과 World Bank DB에서 취합함.

기이다. 한국은 한국전쟁 이전, 미국은 1910년대까지의 시기이다. 이 시기에 평균 기대수명이 50세에 미치지 못한 것은 대부분 영유아 사망률이 높았기 때문이다. 높은 영유아 사망의 주요 요인은 만연한 감염성 유해 질병과 영양 부족 등이며, 근본적으로 조기 사망을 초래하는 질병 환경의 조성을 예방하고 발생한 유해 질병을 치료할 수 있는 기술과 인프라 부족에서 비롯되었다.

둘째, 출생 시 기대수명이 60세를 넘어가는 시기이다. 한국은 1970년을 전후로, 미국은 1930년을 전후로 기대수명이 60세를 넘어섰다. 기대수명이 60세를 넘어선 것은 영유아 사망률의 감소를 의미하며 이는 유해 질병 퇴치가 성공하기 시작하였음을 시사한다. 유해 질병을 예방하고 치료할 수 있는 기술과 인프라를 갖추기 시작한 시기이다.

셋째, 기대수명이 70세를 넘어가는 시기이다. 한국은 1990년 전후로, 미국은 1960년 전후로 이를 경험하였다. 이 기간은 질병 부담이 유해 질병에서 만성질환으로 전환된 시기라 볼 수 있다. 영유아 사망과 유해 질병의 위협이 현저히 낮아진 상황에서 수명 연장을 위해서 만성질환의 관리와 예방이 중요해지고, 이와 관련한 의료 기술의 발전과 의료 서비스 접근성의 역할이 커진 시기이다.

넷째, 주목할 시기는 80세를 넘어가는 기간이다. 한국은 2010년 전후로 기대수명이 80세를 넘어섰지만, 미국은 아직 80세에 이르지 못하고 있다. 이 시기는 수명 연장의 도전적인 시기라고 할 수 있다. 출생 시 기대수명이 80세를 넘어 그 이상으로 개선되기 위해서는 생애주기 전반에 걸친 질병 예방과 건강 관리, 그리고 계층 간 의료 격차 해소에 필요한 보편적인 접근이 가능하도록 보건의료 체계가 뒷받침되어야 한다. 또한 수명 연장과 함께 인구 고령화가 급격하게 진행되면서 급증하는 의료비의 지속 가능성 확보도 중요한 과제가 되고 있다.

마지막으로, 2020년부터는 전 세계를 강타한 코로나19 팬데믹 시기이다. 일부 건강 취약계층의 코로나로 인한 사망률이 증가하면서 한국과 미국 모두에서 출생 시 기대수명이 감소하였다. 20세기 전반기의 유해 질병 퇴치 성공을 무색하게 한 결과이며, 질병 예방의 중요성을 일깨워 준 경험이었다. 또한 한국보다 미국의 기대수명이 크게 감소하였는데, 이러한 기대수명 감소의 차이는 유해 질병 관리를 위한 보건의료 인프라와 시스템 차이의 중요성을 보여 준다.

이처럼 한국인의 기대수명 추이는 일제 강점기, 한국전쟁부터 1970년대, 1980년대부터 1990년대, 2000년대 이후, 그리고 2020년대 초 코로나19 팬데믹 시기로 구분하여 큰 변화를 경험하였다. 간략히 논의한 것처럼 시기마다 국민 건강 수준 그리고 이에 영향을 주는 환경·기술·제도의 의미 있는 변화가 있었다. 다음 논의에서는 이 다섯 시기에 발생한 변화와 그 배경을 탐구한 국내외 연구를 소개하고 국민 건강 변화의 장기 추이를 경제학적 관점에서 평가하고자 한다.

한편, 그림 1에서 눈에 띄는 가장 중요한 특징은 한국의 기대수명 개선 속도가 미국보다 월등히 높아 기대수명 격차가 매우 빠르게 좁혀졌다는 점이다. 이는 기대수명이 50~60세를 넘어서기 위해 필요한 조건인 유해 질병 퇴치, 그리고 70~80세를 넘어서기 위해 필요한 조건인 만성질환 관리를 뒷받침할 환경·기술·제도의 개선이 한국에서는 단기간에 이루어졌음을 시사한다.

이 같은 성취는 후발주자로서의 한국이 한국전쟁 이후 1970년대까지 개발 단계에서는 선진국의 질병 퇴치의 경험과 기술을 빠르게 채택하여 단기간에 성공적으로 적용한 결과이며, 1980년대 이후에는 선진국을 넘어서는 보건의료 제도와 의료 기술 발전을 이룩한 결과라고 평가할 수 있다.

이런 시사점을 찾기 위해 다음에서는 질병 퇴치

및 질병 관리와 관련한 주요 국가들의 사례와 연구도 함께 소개하고, 국내 연구와의 관련성 그리고 한국의 가파른 기대수명 개선의 배경을 깊이 있게 다루고자 한다.

1

일제 강점기:
취약한 질병 환경

생활 수준 논쟁과 인체계측법

질병 환경과 생애 초기 가설

일제 강점기의 건강 문제를 다룬 경제학 연구들은 주로 일제 강점기 생활 수준의 변화를 실증적으로 규명하는 차원에서 수행되었다. 일제 강점기 생활 수준의 변화는 식민지근대화론[•]을 둘러싼 경제사학계의 오랜 논쟁 중 하나이다. 일본의 조선 침략을 정치·경제적 수탈로 평가하는 그룹과 조선의 근대화와 개발에 기여하였다고 평가하는 그룹의 대립된 주장이 오랫동안 이어져 왔으며, 각 주장을 실증적으로 평가하려는 다양한 연구가 진행되어 왔다. 특히, 후자의 주장은 식민지근대화론으로 불리는데, 일제 강점기에 조선 근대화의 제도적 기반과 경제적 인프라가 구축되었고, 이는 한국전쟁 이후 고도성장의 배경이 되었다는 주장으로 이어진다(김낙년 2007).

식민지근대화론: 현대 한국의 경제적 성장의 원동력을 일제 강점기 시대에서 찾는 역사적 관점이다.

식민지근대화론의 지지자들은 거시적인 경제 지표의 개선과 제도의 변화를 강조하는 반면, 반대 측은 이 과정의 불평등성과 민족적 피해를 부각시키는 데 초점을 두고 있다. 그런데 최근에는 거시적인 지표보다는 미시적 관점에서 일제 강점기 동안 조선인의 생활 수준이 어떻게 변화하였는지를 밝히는 연구들이 조금씩 축적되고 있다. 기존의 경제 관련 지표 외에도 성인 신장과 사망률 등 건강 지표를 활용하여 포괄적인 생활 수준 변화를 측정하려는 연구 경향이 관측되는데, 이는 국제 학계에서 오랫동안 진행되었던 생활 수준 논쟁 연구의 영향을 받았다고 볼 수 있다.

영국 산업혁명기 생활 수준 논쟁: 영국의 1차 산업혁명 시기 노동계급의 생활 수준 평가를 둘러싼 논쟁이다. 산업혁명으로 인해 물질적 조건이 개선되면서 생활 수준이 향상되었다는 주장과 산업화에 따른 질병, 환경, 그리고 불평등 문제로 인해 생활 수준이 악화하였다는 주장이 대립한 논쟁이다.

미국 노예의 생활 수준 논쟁: 노예 제도의 윤리성 문제를 넘어 경제적 관점에서 노예 제도가 얼마나 효율적이었는가 그리고 노예들의 삶의 조건이 자유노동자에 비해 어땠는지를 중심으로 이어진 경제사학계의 오랜 논쟁이다. 이 논쟁의 과정에서 경제학적 모형과 통계 자료의 활용이 경제사 연구에 본격적으로 활용되면서 계량경제사(Cliometrics) 분야가 개척되었다.

제1차 산업혁명: 약 1760년에서 1860년 사이에 영국에서 시작된 기술의 혁신과 새로운 생산 방식의 전환으로 일어난 사회, 경제 체계의 큰 변화를 일컫는다.

생활 수준 논쟁과 인체계측법

국제 경제사학계의 대표적인 생활 수준 논쟁은 영국 산업혁명기의 생활 수준 논쟁•과 미국 노예의 생활 수준 논쟁•이다(홍석철 2013). 전자는 18~19세기 영국의 제1차 산업혁명• 기간 동안 영국 노동자들의 생활 수준이 개선되었는지에 대한 논쟁이며, 후자는 노예제의 경제적 합리성을 입증하는 과정에서 촉발된 흑인 노예의 생활 수준에 대한 평가에서 출발한 논쟁이다.

각 논쟁 과정에서 생활 수준을 어떻게 측정할지가 중요하였는데, 일반적으로 활용되는 소득, 임금, 소비와 같은 경제 지표는 역사적 자료가 부족하다는 단점이 있다. 특히, 18세기 산업혁명 이후 급변하는 산업 구조에 맞추어 대표 표본을 선정하여 소득과 임금 조사를 수행한 결과가 드물었고, 물가 조정에 필요한 표준적인 물가 자료도 부재하여 실질 지표 추산도 어려웠다. 또한 경제 지표는 산업화 과정에서 열악해진 질병 환경 등이 개인의 생활 수준에 미친 영향을 측정하지 못하는 단점도 가진다.

이런 한계를 극복하기 위한 지표로 1980년대부터 성인기의 키를 활용하는 인체계측법(anthropometry)• 이 활발하게 활용되었다. 성인기의 키는 영유아 그리고 청소년기의 순 영양 상태(net nutrition status)에 의해 결정되는데, 순 영양 상태는 영양의 공급에서 영양의 소비(즉, 요구되는 영양)를 뺀 개념이다. 여기서 영양 공급은 음식 섭취를 통한 칼로리 공급과 관련되므로 한 시대의 소득 수준, 농업 생산성 등 물질적 조건의 수준에 의해 결정된다. 반면 성장기에 유해 질병에 빈번하게 노출되거나 성장에 필요한 에너지가 노동에 사용되면 영양 소비가 커지게 되므로, 영양 소비는 질병 환경, 아동 노동 등 비물질적 조건에 의해 결정된다. 따라서 성인기 이전에 결정되는 키는 물질과 비물질 조건을 반영한 포괄적인 생활 수준 지표라고 할 수 있다(Floud *et al*. 2011).

인체계측법에 기반한 연구들에 따르면, 영국은

인체계측법: 인체 크기의 측정을 의미하며, 경제학에서는 성인기 신장, 비만도, 출생 시 체중 등 인체 크기를 활용하여 생활 수준을 측정하는 연구 방법을 지칭한다.

산업혁명이 한창이던 1830년대 평균적인 소득 수준은 증가하였지만 성인 남성의 평균 키는 감소하였음을 보여 준다. 이렇게 성인 평균 키가 감소한 것은 산업화와 도시화 심화에 따라 위생과 질병 환경이 악화하면서 각종 유해 질병에 대응하기 위한 에너지 소비가 늘고 순 영양 상태가 악화하였기 때문으로 평가된다(Floud and Harris 1997; Floud *et al.* 2011).

최근 연구인 Bodenhorn *et al.*(2017)에서는 자원입대 성인 남성은 산업화 당시의 전체 인구 집단을 대표하는 표본이 아닐 가능성이 있기 때문에 군대 복무 남성의 평균 키를 활용한 연구는 표본 선택의 편향(sample selection bias)• 으로 인한 오류의 가능성이 있음을 연구하기도 하였다. 하지만 19세기 산업화 시기 성인 남성의 평균 신장 감소는 당시 급격한 산업화를 경험한 프랑스, 네덜란드, 스웨덴, 일본 등에서 관측된 공통된 현상이었다(Steckel and Floud 1997). 이는 표본 선택 편향의 가능성을 감안하더라도 산업화와 도시화로 인한 순 영양 상태의 악화가 보편적으로 존재하였을 가능성이 높음을 시사한다.

표본 선택 편향: 연구 표본이 전체 모집단을 대표하지 못하는 경우 발생하는 통계적 편향을 일컫는다. 선택된 표본이 특정한 특성을 가진 집단에 치우쳐 있다면, 이 표본을 활용하여 발견한 연구 결과로 모집단에 대한 결론을 내릴 경우 잘못된 해석으로 귀결될 수 있다.

한편, 미국 경제사학계에서는 흑인 노예의 생활 수준을 실증적으로 규명하기 위해 흑인과 백인의 성인 키 차이를 분석하였는데, 키를 활용한 흑인 노예 생활 수준 논쟁의 대표적인 연구는 로버트 포겔과 스탠리 앵거만의 연구들이다(Fogel and Engerman 1974). 이들은 미국 내 노예 무역 기록에서 확보한 키 데이터를 분석하여 노예들의 키가 자유 미국인의 평균 키와 큰 차이가 없었으며 이는 노예들의 생활 환경이 상대적으로 양호하였음을 시사한다고 평가하였다. 이후 Steckel(1986) 등의 연구에서는 다양한 키 자료를 활용하여 흑인 노예의 유년기 영양 부족과 질병 부담 문제를 지적하기도 하였다. 사료 수집과 연구 과정에서 미국에서도 산업화가 본격화되었던 1830년대부터 19세기 말까지 백인 성인 남성의 평균 키가 3~4cm 줄어드는 것이 관측되었다. 역시 산업화와 도시화에 따른 위생과 질병 환경의 악화가 주요한 원인으로 연구되었다(Floud *et al.* 2011). 이러한 연구는 산업화 시기 생활 수준 결정에서 물질적 조건보다 비물질적 조건의 악화가 더 중요하였다는 시사점을 제공하고 있다.

영국과 미국의 생활 수준 논쟁에서 적극적으로 활용된 인체계측법은 한국의 일제 강점기 생활 수준 연구에도 적용되었다. 식민지근대화론의 근거가

되는 각종 통계 자료들은 작성 목적의 편향성, 데이터의 대표성 부족, 그리고 표본의 불균형 등에 대한 신뢰성 논란이 있어 왔다. 따라서 측정 목적의 편향성이 낮은 인체계측 지표의 활용은 일제 강점기에 생성된 각종 통계 자료의 왜곡 논란을 극복할 수 있는 장점을 가진다.

대표적으로 Kim and Park(2011)의 연구에서는 일제 강점기 행려사망자•들의 키 자료를 수집하여 이 시기 생활 수준의 변화를 분석하였다. 일제 강점기에 행려사망자가 발생하면 가족을 찾기 위해 행려사망자의 정보를 관보에 게재하는데 키는 신체 특징을 보여 주는 주요한 정보였다. 가족을 찾기 위한 목적이므로 관보 게재 시 키 정보를 왜곡할 이유는 없었을 것이다. 이 연구에서는 행려사망자의 추정 나이별로 평균 키의 변화를 제시하고 있는데, 25~30세의 경우 1910년 이후 일제 강점기 동안 평균 키가 2.2cm 증가하였다. 이는 성인 키로 평가한 생활 수준이 일제 강점기에 개선되었음을 시사한다.

행려사망자: 일정한 거처가 없이 떠돌아다니다 사망한 사람을 의미한다.

같은 맥락에서 인체계측 지표를 활용하여 일제 강점기 생활 수준을 평가한 또 다른 연구는 Choi

and Schwekendiek(2009)의 연구이다. 이들은 일제 강점기 서대문형무소 수형자 카드(일제 감시 대상 인물 카드)에 기록된 수형자의 키 정보를 활용하여 일제 강점기 생활 수준을 평가하였다. 주요 결과는 1910~1945년 사이 평균 키가 164cm에서 166cm로 증가하였으며, 특히 1920년대 빠르게 증가하였음을 보고하였다. 역시 일제 강점기에 성인 키로 측정한 생활 수준이 개선되었음을 시사하는 결과이다. 그러나 조영준(2016)은 Choi and Schwekendiek(2009)의 연구를 비판적으로 검토하였다. 그는 일제 감시 대상 인물 카드에서 수집한 키 자료는 자료의 판독 및 가공의 과정에서 심각한 오류가 발생하였기 때문에 연구의 재검토가 필요하다고 주장하였다.

황인혁(2018)의 연구는 동일한 자료를 활용하여 일제 강점기 질병 환경과 영양 접근성이 조선인의 신장에 미친 영향을 분석하였다. 분석 결과에 따르면, 질병 환경을 반영하는 조사망률(crude death rate)•의 증가는 조선인의 신장을 감소시킨 것으로 추정되지만, 영양 접근성의 영향은 통계적으로 유의하지 않았다. 일제 강점기 성인 키의 변화 요인들을 측정하고 분석하였다는 측면에서 의의가

조사망률(인구 10만 명당): 1년간 발생한 총사망자 수를 그해 연앙인구(7월 1일 기준)로 나눈 수치를 100,000분비로 표시한 값이다.

있다.

한편, 조영준·차명수(2012)는 조선시대 군인들의 군적과 살인 사건 피살자의 검시 결과 등을 기록한 검안 문서 자료를 활용하여 1547~1882년 조선 후기 성인 남성의 키 변화를 분석하였다. 분석 결과에 따르면, 조선 후기에 신장이 추세적으로 감소하였을 확률이 높았음을 보였으며 이는 조선 후기 생활 수준의 하락 가능성을 시사한다.

질병 환경과 생애 초기 가설

생활 수준 연구에서 성인 키 자료를 활용하는 장점은 비물질적인 조건의 영향을 확인할 수 있다는 점이다. 특히, 영국과 미국의 연구에서 확인된 것처럼 산업화와 도시화 진전에 따른 위생과 질병 환경 변화의 영향을 측정하는 데 효과적이다. 이런 측면에서 일제 강점기 생활 수준의 실질적인 변화를 검토하기 위해서는 비물질적 조건의 핵심 지표라고 할 수 있는 각종 질병 발병률의 장기적인 변화를 살펴보는 것은 의미 있는 작업이다.

홍석철(2018)의 연구는 일제 강점기부터 최근까

지의 건강과 관련한 통계 자료를 정리하여 통계표를 제시하고 건강 지표의 장기적인 변화와 그 배경을 논의한 연구이다. 이 연구에서 수집한 주요 감염성 질환 발생률의 장기적인 추이를 그림 2에서 살펴보면, 1910년대부터 1940년대까지 질병 환경이 빠르게 악화한 것으로 보인다.

물론 조선총독부가 취합한 일제 강점기 자료의 신뢰성 그리고 시간이 지남에 따라 자료 취합 방식과 정확도의 개선 가능성을 고려하면, 그림 2가 주는 질병 환경 장기 추이의 시사점에는 한계가 있다. 하지만 『조선총독부통계연보』 자료를 활용하여, 일제 강점기 조선인과 조선 내 거주 일본인의 주요 전염성 질병 발병률 추이를 비교해도 매우 유사하게 관측된다. 이는 그림 2의 추이가 제시하는 일제 강점기 질병 환경 악화 추이가 자료의 왜곡에서 비롯되었을 가능성이 높지 않음을 시사한다. 일제 강점기는 영국과 미국만큼은 아니지만 조선 각지에서 산업화와 도시화가 시작되었고 외국과의 교류가 빈번해지면서 유해 질병 환경이 취약해지고 있었다. 이런 점을 고려하면 감염성 질환의 발병률로 평가하였을 때 일제 강점기의 질병 환경이 개선되었다

|그림 2| **일제 강점기 감염성 질환 발생률 추이**

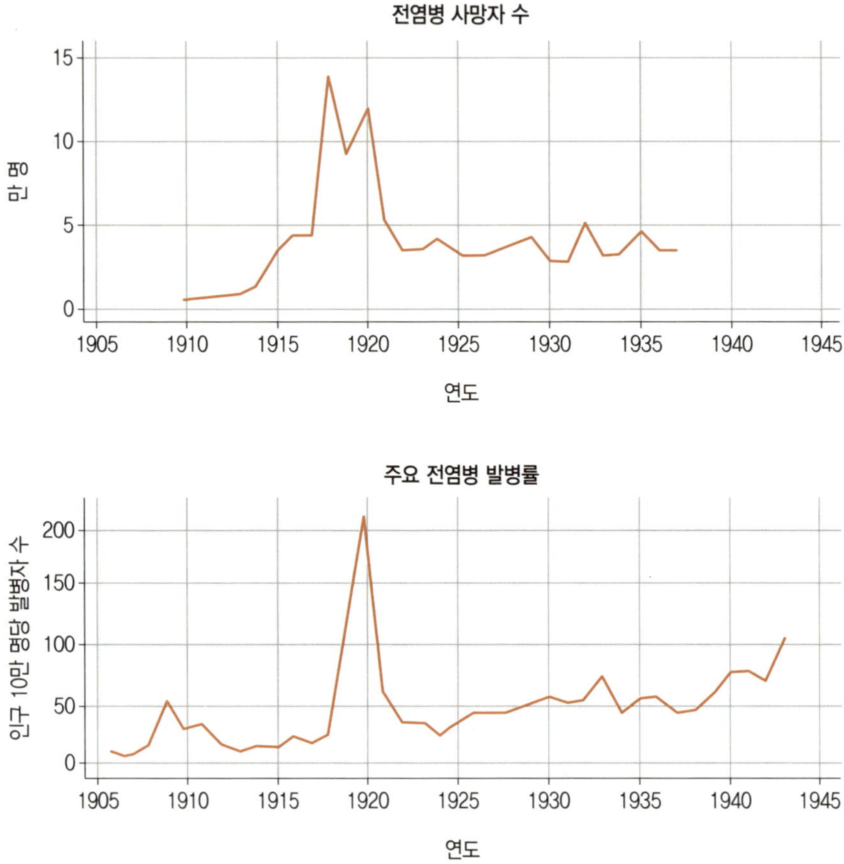

주: 전염병 사망자 수는 『조선총독부통계연보』에서 분류한 자료를 그대로 가져온 것이며, 주요 전염병 발병률은 『조선총독부통계연보』에서 콜레라, 장티푸스, 이질, 디프테리아, 발진티푸스, 두창, 성홍열, 파라티푸스, 유행성뇌척수막염, 회귀열 등 10가지 전염병의 인구 10만 명당 발병률로 측정함.

자료: 홍석철(2018).

고 하기에는 어려워 보인다.

한편, 그림 2에서 전염병 사망자 수와 발병률의

장기 추이에서 눈에 띄는 시기는 1918~1920년의 기간이다. 전염병에 따른 사망자 수는 1918년 14만 명에 달하였고, 1919년과 1920년도 각각 9만 2,000 명과 12만 명의 조선인이 전염병으로 사망하였다. 또한 주요 전염병 발병률도 1919년과 1920년에 각각 인구 10만 명당 131.2명과 212.1명에 달하였다. 1918~1919년 사망자 수가 급증하였던 원인은 소위 스페인 독감이라 불리는 인플루엔자의 대유행 때문이며, 1920년 전후로 전염병 발병률이 급증하였던 것은 1919년에 1만 6,915명의 환자(1만 1,533명의 사망)를 그리고 1920년에는 2만 4,229명의 환자(1만 3,568명의 사망)를 초래한 콜레라 대유행의 결과이다. 일제 강점기 주요 통계 자료의 출처인 『조선총독부통계연보』에서는 인플루엔자는 전염병 사망 원인에 포함하였으나, 주요 전염병 발병률에서는 제외되어 있다.

주목할 점은 이 시기는 전 세계적으로 질병 환경이 매우 취약한 시기였다는 점이다. 잘 알려진 것처럼 1918년은 전 세계적으로 스페인 독감이 대유행하여 약 5억 명이 감염되고 최소 1,700만 명이 사망한 것으로 추정된다. 그림 2에는 포함되지 않았지만 조선총독부 기록에 따르면, 일제 강점기 조선인들도 스페인 독감으로 큰 희생을 치른 것으로 알려져 있다. 1918년 9월부터 한반도 북쪽에서 유입된 스페인 독감으로 이듬해 1월까지 조선인의 44%에 달하는 739만 명이 감염되었고 조선인 14만 명이 사망한 것으로 집계되었다(Hong and Yun 2017; 홍석철 2018).

생애 초기 가설: 태아기와 영유아기 등의 생애 초기 조건이 생애주기에 걸쳐 건강과 인적자본 형성에 부정적인 영향을 줄 수 있다는 이론이다(Almond and Currie 2011).

경제학계에서 1918년 스페인 독감은 소위 '생애 초기 가설'(fetal origins hypothesis)•을 실증적으로 입증하기 위해 활용된 대표적인 역사 사례이다. 생애 초기 가설 연구에서 주목하는 생애 초기 기간은 태아기이며, 이 가설은 태아기에 산모를 통해 경험하는 질병, 스트레스, 영양결핍 등 부정적인 생애 초기 조건이 태아기의 두뇌 및 장기 발달에 영향을 줄 수 있다는 의학 및 과학 연구에 기반한다. 가령 의학과 역학 분야에서의 생애 초기 가설 연구는 생애 초기 건강 조건이 출생 이후 생애주기에 걸친 건강 수준의 결정에 미치는 영향과 경로를 탐구하고 있으며, 태아기 건강 조건의 변수로 출생 시 체중 변수를 빈번하게 활용한다. 또한 최근의 생애 초기 가설 연구는 분석 대상을 태아기 조건뿐만 아니라 영유아기 조건의 장기적인 영향에 대한 분야도 포함한다(Barker 1992).

생애 초기 가설에서 생애 초기 조건과 출생 이후 결과의 인과적 관계를 입증하기 위해서는 내생성 문제•가 없고 생애 초기 조건에 영향을 줄 수 있는 외생적인 충격을 분석 사례로 채택할 필요가 있는데, 원인과 결과가 복잡한 관계로 얽혀 있는 현대 사회의 사례보다는 역사적 경험을 이용한 연구들이 많다. 20세기 초는 아직 독감 발생을 예측하고 예방하고 치료하는 의료 기술이 미흡하여 개인의 사회경제적 수준과 무관하게 독감 위험에 노출되었기 때문에, 1918년 스페인 독감은 생애 초기 가설의 인과성을 밝히기 위한 유용한 역사적 경험을 제공한다.

내생성 문제: 원인과 결과의 방향이 뒤섞이거나 빠진 변수 때문에 둘 사이의 관계가 왜곡되어, 인과관계를 정확히 추정할 수 없는 문제를 의미한다.

스페인 독감 사례를 이용하여 생애 초기 가설을 입증한 사례로 Almond(2006)의 연구가 대표적이다. 이 연구에서는 1918년에 태아기를 보내면서 산모를 통해 스페인 독감을 경험하고 1919년에 출생한 실험 집단과 스페인 독감 대유행 전후에 태아기를 거치고 출생한 통제 집단의 성인이 되어 측정한 교육 수준을 비교한다. 주요 결과로, 태아기에 스페인 독감에 노출된 실험 집단은 통제 집단에 비해 1960~1980년 인구조사 자료에서 측정한 교육 연수가 1.5개월, 평균 임금은 5~9% 낮았음을 추정하였다. 한편, Beach *et al.*(2022)에서는 통제 집단과 비교해 1919년 출생 집단 부모의 사회경제적 배경이 상대적으로 낮았다는 점을 들어 표본 선택의 편향 문제를 지적하고, 위 결과가 일부 과대 추정되었을 가능성을 발견하기도 하였다. 그럼에도 불구하고 스위스, 브라질, 대만 등의 연구에서도 Almond(2006)의 연구와 비슷한 결과가 분석된 바 있다.

같은 맥락에서 Hong and Yun(2017)은 1918년 일제 강점기에 한반도로 유입된 스페인 독감의 장기적인 영향을 실증 분석하였다. 이 연구에서는 1918년 스페인 독감 발생률의 지역 간 편차를 활용하여, 스페인 독감 발생률이 높았던 지역에서 출생한 실험 집단과 그렇지 않았던 지역에서 출생한 통제 집단의 1960년 인구조사에서의 교육 수준을 비교하였다. 그 결과 전자의 평균 교육 연수가 0.3년 낮았으며, 이는 당시 평균 교육 연수의 10%를 설명할 정도로 유의미하였다고 평가하였다.

요약하자면, 일제 강점기는 산업화와 물질적 생

활 수준 개선에 따른 긍정적인 영향과 질병 환경 악화의 부정적인 영향이 함께 발생하였던 시기라고 볼 수 있다. 성인기 신장의 증가는 물질적 생활 수준의 개선에 따른 결과로 보이나, 향후에는 1920년 이후 출생자에 대한 신장 추이 변화를 살펴볼 자료 수집과 연구가 뒷받침될 필요가 있다. 반면 전염병에 따른 사망과 발병률의 추이를 보면, 1918년 스페인 독감 대유행이 일제 강점기 조선인의 건강에 큰 피해를 끼쳤으며 1920년 이후 전반적인 질병 환경이 악화되고 있었음을 살펴볼 수 있다. 또한 생애 초기 가설의 관점에서 보면, 일제 강점기 질병 환경의 악화는 다양한 경로를 통해 생애주기 건강과 인적자본 축적에 막대한 영향을 미쳤을 것으로 보인다. 과거 미국의 산업화 시기 개인의 건강 수준이 낮았던 이유를 경제사적 관점에서 분석한 Costa(2009)의 연구는 영양 부족, 감염병, 열악한 위생, 산업화로 인한 노동 환경 악화, 사회적 불평등 등을 건강 수준이 열악하였던 주요 원인으로 강조하고 있다.

2

한국전쟁부터 1970년대까지:
유해 질병 퇴치의 성공

전쟁의 장기적 영향

한국전쟁(1950~1953년)은 막대한 인적·물적 피해를 초래하였다. 전쟁으로 인한 민간인 인명 피해는 약 100만 명에 달한 것으로 보고되었으며, 전쟁으로 산업 기반도 대부분 파괴되었다(내무부 통계국 1955: 212~213). 하지만 전쟁의 영향은 단기적으로 발생한 인명과 재산 피해에만 그치는 것은 아니다. 1993년 노벨경제학 수상자인 로버트 포겔 교수는 미국 남북전쟁(1861~1865년)에 참전한 북군(Union Army) 군인들의 인구 조사 기록, 전쟁 참여 기록, 연금 수령 및 신체검사 내역 등 생애주기에 걸쳐 수집된 자료를 활용하여, 전쟁 경험의 장기적인 영향에 대한 연구를 진행하였다(Fogel and Wimmer 1992). 이 자료를 이용한 이철희(2003)와 Lee(2005) 등의 연구에서는 전쟁 중 경험한 스트레스와 건강 손상이 장기적으로 개인의 건강과 경제적 생산성에 부정적인 영향을 미쳤음을 실증 분석하였고, Hong(2007; 2013)의 연구에서는 남북전쟁 참전 북군 병사들이 경험한 생애 초기 말라리아 위험이 이들의 성인기 신장 및 만성질환 발병에 미치는 장기적인 영향에 대한 연구를 진행하였다. 이러한 일련의 연구들은 최근 학계에서 주목을 받은 생애 초기 가설을 역사적 사례로 뒷받침한다.

한국적 맥락에서 전쟁 경험의 장기적인 영향과 생애 초기 가설을 뒷받침한 대표적인 사례는 Lee (2014a)의 연구이다. 이 연구에서는 한국전쟁이 치열하게 진행된 1950년 한반도 중부 지역에서 임신기 태아로 보내고 1951년에 출생한 인구 집단은 그 전후에 출생한 집단에 비해 2005년에 평가된 교육 수준, 노동시장 성과, 그리고 건강 수준이 낮았음을 실증 분석하였다. 또한 전쟁이 건강에 미친 영향에 대한 연구는 아니지만, 어린 시절 한국전쟁을 경험한 인구 집단이 성인이 되었을 때 위험기피적 성향이 더 크다는 점을 밝힌 Kim and Lee(2014)의 연구도 전쟁 경험의 장기적인 영향을 다룬 연구로 주목할 만하다.

한편, 최근에는 생애 초기 가설을 세대 간 관점에서 살펴보는 연구들도 증가해 왔다. 한 세대의 경험이 그 세대에만 영향을 주는 데 그치지 않고 다음 세대에까지 영향을 준다는 주장이며, 그 경로는 생애 초기 가설과 같이 대부분 태아기를 통해서 진행된다.

국내 대표 연구로서 Lee(2014b)는 1980년 광주민주화운동의 사례를 활용하여 생애 초기 가설의 세대 간 전이를 연구한 바 있다. 분석 결과에 따르면, 1980년에 광주에서 출생한 여성들이 성인이 되어 2000년대 초에 출산하였을 때, 이들이 출산한 아이들은 1980년 다른 지역에서 출생한 여성들이 출산한 아이들에 비해 저체중 출생 확률이 높게 추정되었다. 광주민주화운동이 발생하였던 시기에 광주에 거주하였던 조모가 경험하였을 스트레스가 태아기의 모를 통해 전이되고, 그 영향이 20년이 지나 그 자손에게 저체중 출생이라는 결과로 세대 간 전이되었다고 볼 수 있다. 생애 초기 가설을 세대 간 관점에서 살펴본 대표적인 해외 연구로는 Currie and Moretti(2007)를 들 수 있다. 이 연구에서는 모와 자녀 간의 출생 시 체중의 상관성과 경제적 영향을 분석하였다.

유해 질병의 위협과 퇴치 노력

다시 시대를 거슬러 올라가면, 한국전쟁 직후

경제 재건과 더불어 우리나라가 직면한 가장 큰 문제는 무엇보다도 유해 질병이었다. 1950~1960년대 유행하였던 대표적인 제1군 감염병은 장티푸스, 파라티푸스, 세균성 이질, 콜레라였으며, 제2군 감염병으로는 홍역, 백일해, 디프테리아, 폴리오 등이 맹위를 떨쳤다. 또한 상대적으로 치사율이 높지 않았으나 말라리아, 결핵 등 제3군 감염병도 크게 유행하였다. 이들 유행성 질환의 원인은 취약한 위생 및 질병 환경, 그리고 영양 상태였다.

주목할 사실은 이런 유해 질병의 위협은 비단 1950~1960년대 한국만 경험한 것이 아니라는 것이다. 19세기부터 20세기 초까지 미국과 유럽의 주요국들은 취약한 위생 환경으로 인해 각종 유해 질병이 만연하였다. 미국의 1860년대 주요 유해 질병에 의한 사망률은 인구 10만 명당 551명이었으며, 이는 미국의 2000년대 심·뇌혈관질환, 암, 당뇨병으로 인한 사망률 합계와 비슷한 수준이다(Floud *et al.* 2011). 특히, 면역력이 없는 영유아가 이 같은 질병 환경에 취약했으며, 19세기 후반 백인 영아의 출생 1년 내 사망률은 1,000명당 200명에 달하였다. 이는 앞 장의 그림 1에서 볼 수 있듯이 19세기 그리고

1910년대 이전 미국의 출생 시 기대수명이 50세에 이르지 못한 중요한 이유였다.

미국 질병통제예방센터(CDC)는 미국의 질병 퇴치 성공 요인으로 크게 4가지를 꼽았다(CDC 1999). 첫째, 물 끓여 마시기, 손 씻기 등 개인위생 캠페인의 효과를 강조하였는데, 이는 세균을 통해 유해 질병에 감염된다는 세균이론이 19세기 말에 정립되면서 가능해졌다. 둘째, 대대적인 질병 퇴치 운동의 영향이다. 대표적인 질병 퇴치 운동으로는 1910년대 구충 사업과 1920년대 시작해 1940년대까지 이어진 말라리아 퇴치 운동이 있다. 이 같은 질병 퇴치 운동은 영유아의 사망률을 낮추었을 뿐만 아니라 성인기 생산성을 높이고 생애주기 건강 증진에도 효과적이었던 것으로 평가된다(Bleakley 2007; Hong 2013a). 셋째, 공중보건 인프라 개선의 효과도 중요했는데, 식수 개선 사업 등이 이에 해당한다. 특히, 20세기 초 대도시를 중심으로 도입된 정수 시설은 장티푸스와 같은 수인성 질환의 사망률 개선에 절대적으로 기여하였다(Cutler and Miller 2005). 마지막으로, 백신, 페니실린 등 예방과 치료를 위한 의학 기술 발전의 기여를 강조하였다.

미국에서와 마찬가지로, 한국전쟁 이후 한국의 위생 및 질병 환경의 개선은 영아 사망률 변화에서 뚜렷이 관측된다. 그림 3에서 볼 수 있듯이 1950~1960년대 영아 사망률은 1,000명당 100명에 육박하였는데, 이는 1910년대 미국과 비슷한 수준이었다. 그러나 영아 사망률은 1970년대까지 빠르게 감소하여 불과 10여 년 사이에 영아 사망률은 미국의 1940년대 수준인 1,000명당 50명 이하로 낮아졌다. 한국과 미국은 영아 사망률이 1,000명당 50명 이하로 낮아지면서 출생 시 기대수명도 60세를 넘어가는 성과를 거둔다.

한편, 그림 3은 일제 강점기의 영유아 사망률 추이도 제시하고 있다. 앞 장의 그림 2의 주요 감염병 발병률 추이가 시사하는 것처럼 1920년대 이후 영유아 사망률 증가 추이는 질병과 위생 환경의 악화를 의미한다. 하지만 이 시기는 아직 출생 및 사망 등록이 체계적으로 시행되지 않았기 때문에 사망률 산식의 분자인 사망자 수가 상당히 과소 추계되었을 가능성이 있다. 반면에 출생자 보고가 상대적으로 누락되었다면 영유아 사망률은 과대 추계되었을 가능성도 존재한다. 다만 일제 강점기 질병과

|그림 3| **영유아 사망률의 장기 추이**

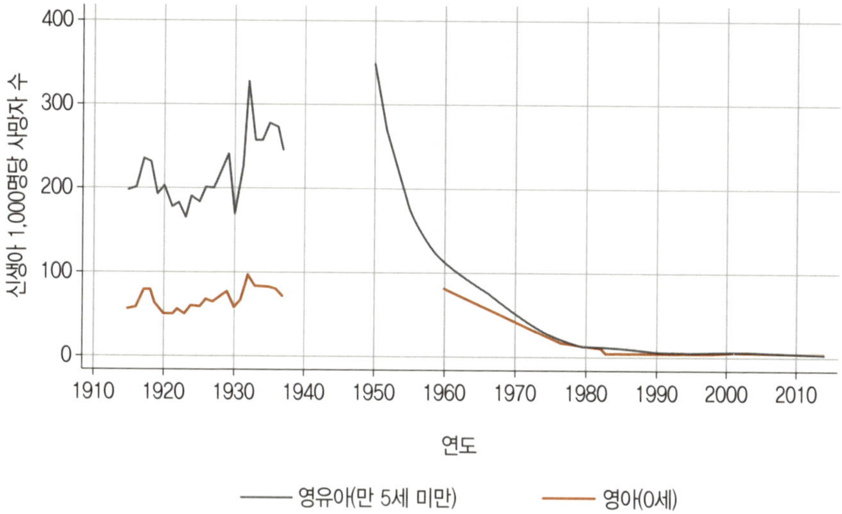

자료: 홍석철(2018).

위생 환경 수준이 19세기 주요국과 비교해 높지 않았을 것으로 추정되며, 이 경우 영아 사망률이 인구 1,000명당 100명 이상이 되었을 것으로 판단된다.

이러한 성과는 1960~1970년대 한국 정부가 20세기 초 미국 등이 경험하고 성공한 질병 퇴치 수단을 빠르게 도입하고 단기간에 정착시킨 결과였다(Hong 2019). 이 시기 가장 대표적인 노력은 위생과 영양 개선 캠페인이었다. 20세기 초 미국에서의 캠페인과 마찬가지로 물 끓여 마시기, 손 씻기 캠페인, 쥐잡기 운동 등 질병 환경 개선을 위한 노력이 이어졌다. 또한 부족한 식량 상황에서 영양 개선을 도모하기 위한 혼분식 캠페인도 효과적이었다. 관련하여 Lee(2018)의 연구에서는 한국 군인 병적 자료와 이들 출생지의 농업 생산 자료를 결합하여 1960~1970년대 농업 생산 증대가 영양 상태 개선으로 이어져 군인의 평균 키 증가에 기여하였음을 분석하였다.

질병 퇴치 노력도 다양하게 이어졌는데, 대표적인 정책이 1969년 시작된 구충 사업이다. 전국 초중고등학교 학생들을 대상으로 정기적인 기생충 검사, 교육 그리고 치료가 시행되었는데, 이는 1910년대 미국의 구충 사업 프로그램의 성과를 반영한 정책이었다. 20세기 초반 구충(hookworm)• 은 미국 남부에서 만연하여 지역 주민들과 아동들의 건강과 생산성에 심각한 영향을 미쳤다. 이를 퇴치하기 위해 1910년대 록펠러 위생위원회(Rockefeller Sanitary Commission)는 미국 남부에서 대대적인 구충 사업을 펼치면서 기생충 감염률을 크게 감소시켰다. Bleakley(2007)의 연구는 구충 사업 전후의 교육 및 경제적 성과를 이중차분법(difference-in-differences:

구충: 인체에 기생하여 빈혈, 영양실조, 발육 지연 등을 일으키는 기생충으로, 주로 더운 기후의 저개발국에서 많이 발견되며 과거 미국 남부에서도 매우 흔했던 질병이다.

이중차분법: 사회과학, 정책평가 등에서 널리 사용되는 인과추론 방법이다. 특정 정책이나 제도의 효과를 평가할 때, 단순한 전후 비교로는 다른 요인의 영향을 제거하기 어렵기 때문에, 정책의 영향을 받는 처치 집단(treatment group)과 통제 집단(control group) 간의 정책 변화 전후의 결과 차이를 비교하는 연구 방법이다.

DID)• 방법론을 적용하여 추정하였으며, 아동의 학업 성과 증가, 성인기의 소득 증대 등에 기여하였음을 실증 분석하였다. Kim and Kim(2013)은 1969년 한국에서 구충 사업을 시작한 이후 1999년대까지 지속된 전국 학교의 구충 사업 시행 및 결과 자료를 구축하여 이 기간에 걸쳐 학생들의 기생충 감염률이 빠르게 감소하였음을 제시하였다. 또한 이 연구는 구충 사업의 성과가 단지 감염률 감소에 그치는 것이 아니라 기생충 감염 위험의 감소는 중장기적으로 개인의 교육 성과와 성인기 소득 개선에도 기여하였음을 실증 분석하였다.

한편, 공중보건 인프라 구축을 위해서는 막대한 투자가 필요했지만, 한국전쟁 이후 열악한 경제 여건은 이를 뒷받침하지 못하였다. 특히, 식수 개선을 위해서는 대규모 정수 시설 도입이 시급하였지만 서울, 부산, 대구 등 대도시를 중심으로만 사업들이 진행되었으며 그나마 외국 차관 도입으로 가능한 일이었다. 또한 아직 도시화가 본격화되기 이전이라 다수의 국민은 농촌에 살고 있어 대도시 식수 개선 사업의 혜택을 누리지 못하였다. 그 결과 1960년대에 걸쳐 대표적인 수인성 질환인 장티푸스 감염률은 인구 10만 명당 15명 내외로 매년 수천 명의 감염자가 보고되었다(홍석철 2018).

주목할 사실은 한국은 농촌의 식수 문제를 혁신적인 방법으로 극복했다는 점이다. 식수 문제를 인식한 정부는 농촌 마을의 공동 수도에 소규모 정수 시설을 설치하는 사업을 추진하였는데, 이는 1970년대 농촌 지역의 장티푸스 사망률을 낮추는 데 큰 공헌을 하였다(Hong and Yun 2022). 또한 Hong and Yun(2022)의 연구에서는 이 시기 식수 개선 사업의 혜택을 받은 출생 집단은 성인이 되는 과정에서 교육 수준 개선 등 인적자본 축적에 긍정적인 영향을 받았음을 실증 분석하였다.

보건의료 인프라 확충을 위한 다양한 정책도 이 시기에 추진되었다. 각 지역에 보건소를 설치하여 공중보건 캠페인을 전개했을 뿐만 아니라 지역의 부족한 의료시설을 대신해 백신 보급, 감염병 관리 등 핵심적인 공공의료의 역할을 수행하였다. 또한 1963년에 의료보험법이 제정되어 사회보장제도로서 국민건강보험이 발전하는 제도적 기틀이 만들어지기도 하였다.

잘 알려진 것처럼 1960~1970년대는 우리나라

가 경제적 고도성장의 발판을 구축한 시기였다. 고도성장의 중요한 요인 중 하나는 생산성이 높은 인적자본의 양성이며, 질병 퇴치 성공은 근본적인 요인이다. 다시 말해, 한국은 1960~1970년대 단기간에 보건의료 인프라를 갖추고 질병 퇴치에 성공한 대표적인 나라이며, 이는 고도성장을 가능하게 한 기반이 되었다고 할 수 있다(Hong 2019). 이는 영국의 제1차 산업혁명 이후 300년의 경제 성장에서 질병 퇴치와 영양 개선의 기여도가 50%에 달한다는 Floud *et al.*(2011)의 연구 결과와도 맥을 같이한다.

3

1980년대 이후: 만성질환에 따른 질병 부담 증가

만성질환에 의한 질병 부담

건강 행태와 외부 효과

건강한 행동을 유도하기 위한 다양한 정책들

행태경제학적 접근

만성질환 이외의 건강 부담

1960~1970년대 유해 질병 퇴치 성공에 힘입어 1980년대에는 출생 시 기대수명이 70세를 넘기게 되었다. 1980년대 이후 눈에 띄는 국민 건강의 특징은 만성질환에 의한 질병 부담이 증가하기 시작하였다는 것이다. 이는 다양한 요인이 복합적으로 작용한 결과였다. 경제 발전과 의료 기술의 발전으로 수명이 증가함에 따라 고령에서 경험하는 여러 만성질환의 유병률이 증가한 것이 대표적인 원인이다. 또한 소득 증가와 도시화로 인해 건강하지 못한 생활 습관이 확산되고 산업화와 도시화로 인해 대기 오염 등 환경적 유해 요인이 증가한 것도 원인이다. 의료 기술과 시스템의 발전에 따라 이전에 진단되지 않았던 만성질환들이 통계적으로 포함되기 시작한 영향도 존재한다.

만성질환에 의한 질병 부담

만성질환에 의한 질병 부담 증가는 사망 원인 추이에서 뚜렷이 나타난다. 그림 4는 악성신생물(암), 심장질환, 뇌혈관질환, 당뇨병과 같은 주요 만성질환의 사망률이 1980년대 이후 최근까지 빠르

|그림 4| 주요 사망 원인에 따른 사망률 추이, 1983~2023년

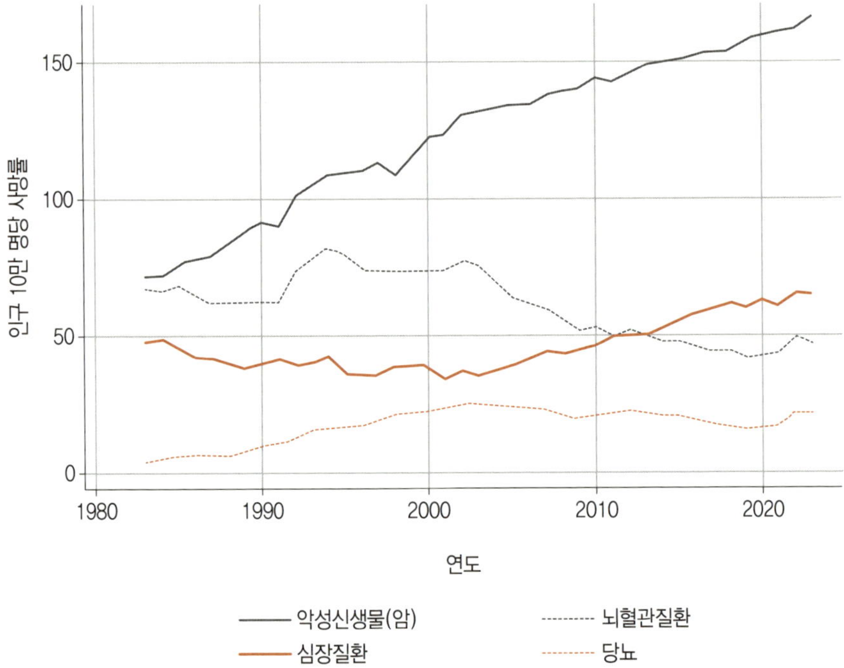

자료: 통계청, 사망 원인 통계.

게 증가하였음을 보여 준다. 사망 원인 통계가 시작된 1983년에는 이들 질환에 따른 사망의 비중은 30.1%이었지만, 2023년에는 그 비중이 43.6%로 증가해 왔다.

이 같은 추이는 건강수명(healthy life expectancy)의 변화에서도 관측된다. 건강수명은 기대수명에서 질병이나 부상으로 인한 유병 기간을 제외한 기간을 의미한다. 다시 말해, 단순히 얼마나 오래 사는가가 아니라 얼마나 건강하게 오래 사는가에 초점을 맞춘 지표라고 할 수 있다. 생명표(life table)•에 기반해 통계청에서 발표한 건강수명 추이를 보면, 2014년 65.2세에서 2022년 65.8세로 최근 10년 사이 큰 변화가 없었다(자료: 지표누리－유병 기간 제외 기대수명). 반면 출생 시 기대수명은 81.8세에서 83.5세로 증가하였다. 다시 말해, 늘어난 수명 대부분이 질병으로 고생하는 유병 기간의 증가라고 볼 수 있다. 이런 상황은 주로 만성질환 유병률 증가와 밀접하게 관련된다.

생명표: 한 세대의 인구 집단이 연령 증가에 따라 얼마나 생존하고, 언제 사망하는지를 통계적으로 정리한 표를 의미한다.

한편, 질병에 따른 수명 단축과 삶의 질 저하를 반영하여 국민 질병 부담을 체계적으로 측정하는 대표적인 지표로 DALY(disability-adjusted life year)•와 QALY(quality-adjusted life year)• 등이 사용된다. Jung *et al.*(2024)에서 추정한 2020년 한국인의 질병 부담은 10만 명당 25,439 DALYs로 산출되었으며, 이는 2008년 대비 13.8% 증가한 결과이다. 2008년 이후 당뇨병, 치매, 요통, 치주염 등의 질병 부담이 빠르게 증가한 것으로 분석되었으며, 이는 인구고령화,

DALY(장애보정생존연수): 질병이나 부상으로 인해 잃게 되는 건강한 수명의 종합으로 측정한다.

QALY(질보정생존연수): 삶의 질을 고려하여 특정 상태에서 건강하게 살 수 있는 기대수명을 측정한다.

생활 습관의 변화와 밀접하게 관련된다.

만성질환에 따른 질병 부담의 증가는 유해 질병의 퇴치 이후 20세기 중반부터 선진국에서 나타난 공통된 현상이다. 미국에서도 출생 시 기대수명이 70세를 넘어가던 1960년대에 암, 심장질환, 뇌혈관질환, 당뇨병 등의 만성질환에 따른 사망의 비중이 전체 사망의 3분의 2를 차지할 정도가 빠르게 증가하였다. 1969년 기준 미국인의 조사망률은 인구 10만 명당 948.3명이며, 주요 원인별 사망률•은 암 160.4, 당뇨병 19.1, 심장질환 332.6, 뇌혈관질환 102.9로 보고되었다(Carter *et al.* 2006). 참고로 1900년의 결핵, 장티푸스, 홍역, 디프테리아 등 주요 유해 질병에 의한 사망률이 인구 10만 명당 313.1명이었다.

사망 원인별 사망률: 특정 사인에 의한 연간 사망자 수를 해당 연도의 연앙인구(7월 1일 기준)로 나눈 수치를 100,000분비로 표시한 값이다.

만성질환은 환경 및 생활 요인, 사회경제적 조건, 그리고 유전적 요인이 건강에 주는 부정적인 영향이 장기간에 걸쳐 누적되면서 발생하게 된다. 따라서 유해 질병 퇴치 이후 수명이 늘어남에 따라 만성질환 위험에 노출될 확률이 높아지게 되며, 만성질환의 질병 부담을 낮추고 수명을 연장하려면 만성질환의 진단 및 치료와 관련한 의료 서비스 그리고 의료 기술의 역할이 중요하다.

이런 건강 추이와 수요 변화는 의료 기술의 진일보로 이어졌다. 1970년대 CT, MRI 등의 진단 기술이 발전하면서 심뇌혈관질환의 원인을 정확히 진단하는 데 기여했으며, 1960년대부터 활발하게 시행된 관상동맥우회술•과 같은 치료 기술은 이 기술이 없었다면 사망하였을 협심증과 심근경색 환자 수백만 명을 살리는 데 기여하였다(Hong 2013b). 이 같은 의료 기술의 발전은 개인의 수명을 연장하는 직접적인 가치를 창출하였을 뿐만 아니라 연장된 수명 동안 소비를 통한 효용 증대의 가치도 창출하였으며, 이러한 편익은 의료 기술 개발에 투입된 막대한 비용을 크게 상회하는 비용–효과적인 투자로 평가되었다(Murphy and Topel 2003).

관상동맥우회술: 심장에 혈액을 공급하는 관상동맥이 막혔을 때, 막힌 부위를 우회해서 혈액이 다시 원할히 흐르도록 해 주는 수술이다.

그림 4의 우리나라 주요 사망 원인별 사망률 추이에서 뇌졸중과 같은 뇌혈관질환의 사망률이 2000년대 초 이후 다소 감소한 배경도 미국의 상황과 유사하다. CT, MRI 등 영상 진단 기술의 발달로 조기 진단이 가능해졌고, 혈전 용해제와 같은 약물 치료 및 스텐트 삽입 등 심뇌혈관 시술의 효과적인 사용이 확산되었기 때문이다. 이에 더해 뇌졸중의 경

우 환자의 신속한 치료 접근이 중요한데, 119 응급 의료 체계의 강화도 국내 뇌졸중 사망 감소에 기여하였다(홍석철·이호준 2014).

건강 행태와 외부 효과

한편, 만성질환 질병 부담 증가는 흡연, 음주, 비만을 비롯한 개인의 건강 행태 변화와도 밀접한 관련이 있다. 흡연은 다양한 만성질환 및 사망의 직·간접적인 원인으로 알려져 있으며, 국민 의료비 부담 증가 그리고 간접흡연을 통한 타인의 건강 위협과 같은 외부 효과를 초래하기도 한다. 비만은 관동맥성 심장병 발병의 17.3%, 제2형 당뇨병의 61%, 골관절염의 24%, 결장암의 20.8~35.4%, 췌장암의 26.9%, 담낭암의 35.5%, 신장암의 42.5%를 설명한다는 연구도 존재한다(Eckel 2003; Calle and Kaaks 2004; Cawley 2015). 경제적인 측면에서는 비만으로 인한 건강 문제는 임금 및 취업률을 비롯한 노동시장 성과를 악화하고 의료비를 증가시키는 것으로 연구되어 왔다(Cawley 2015).

주요 건강 행태 지표들의 장기적인 변화를 살펴

보면, 흡연과 음주 행태는 개선되거나 정체된 반면 비만 문제는 악화되고 있다. 남성의 흡연율은 2001년 60.9%에서 2023년 32.4%로 절반 가까이 하락하였으나 최근 들어 전자담배 등의 확산에 따라 흡연율 감소가 정체되고 있다. 월간 음주율의 경우 2013년 60.2%에서 2022년 57.4%로 다소 감소하였으나 현저한 개선은 없었다. 반면 비만율은 2001년 29.2%에서 2023년 37.2%로 크게 증가해 왔다(자료: 지표누리 – 국민 삶의 질 지표). 앞으로 주요 건강 행태 지표가 정체되거나 악화된다면 그로 인한 질병 부담은 더욱 늘어날 가능성이 크다.

국민건강보험공단 건강보험연구원은 건강 행태의 악화가 질병의 발병률을 높이고 생산성을 낮추면서 사회·경제에 가져올 비용을 추정해 왔는데, 2021년 기준 비만의 연간 사회적 비용은 15조 6,382억 원, 흡연에 따른 비용은 11조 4,206억 원, 그리고 음주에 따른 비용은 14조 6,274억 원으로 추정된다. 비용–편익의 관점에서 보면, 건강 행태 개선을 위한 정부의 투자는 비만, 흡연, 음주 등에 따른 막대한 사회적 비용을 줄일 수 있다는 측면에서 매우 비용–효율적이라고 볼 수 있다.

경제학에서는 건강을 저해하는 건강 행태가 사회적 비용을 초래하는 것을 외부성(externality)• 또는 외부 효과 이론으로 설명한다. 외부 효과는 부정적 외부 효과와 긍정적 외부 효과로 구분될 수 있는데, 대표적인 부정적 외부 효과는 흡연으로 인한 간접흡연, 비만으로 인한 보험료 증가, 항생제 과다처방으로 인한 다제내성균 발생의 문제가 있다.

흡연의 외부 효과를 예로 들면, 흡연은 천식 등 호흡기 질환을 앓거나 담배 연기 자극에 민감한 사람들에게 불쾌감을 주고, 천식 환자의 경우 극단적으로 사망에 이르는 알레르기를 발생시킬 수 있다. 담배 냄새도 타인에게 피해를 주는 외부 효과로 빈번히 지적된다. 이와 같은 흡연의 외부 효과를 제한하기 위한 대표적인 방법은 공공장소에서의 흡연을 금지하는 규제이다. 규제는 흡연자 입장에서 볼 때 가혹하지만 부정적 외부 효과 문제 해결을 위한 방안이 될 수 있다. 한 개인의 행위로 타인에게 보상되지 않은 피해가 발생하면 시장에서 자원의 효율적 분배가 이루어졌다고 할 수 없다. 따라서 외부 효과는 대표적인 시장 실패(market failure)•의 문제이며, 경제학에서 시장 실패는 규제 도입의 타당한 명

외부성: 한 사람의 행동이 다른 사람에게 비용 또는 이득을 유발시키는 경우를 일컫는다. 외부 효과로도 불린다. 일상생활에서 생각할 수 있는 외부 효과는 교통체증, 식당 안에서의 흡연, 해변의 시끄러운 음악소리 등이 있다. 외부 효과는 사유재산 체계가 물건 소유 또는 이와 관련된 책임소재 규정에 실패하는 경우에만 발생한다. 의료 체계 및 건강에 영향을 주는 부분에서 외부 효과가 발생하기 위해서는 법적 책임소재의 규명 실패라는 조건이 성립되어야 한다.

시장 실패: 자원이 시장을 통해 효율적으로 배분되지 못하는 상황을 말한다. 특히, 수요와 공급에 의해 결정되는 시장 메커니즘만으로는 사회 전체의 효율이나 후생을 극대화할 수 없는 경우를 의미한다. 독과점, 정보 비대칭, 공공재, 그리고 외부 효과는 대표적인 시장 실패 문제이다.

분으로 인지되어 왔다. 반면 만약 흡연자가 직·간접적으로 타인에게 피해를 주었고 이에 대해 합리적인 보상이 이루어진다면 이는 외부 효과가 내재화(internalization)되었다고 한다.

흡연으로 인해 발생하는 더욱 심각한 외부 효과는 바로 흡연자가 오랫동안 가까이 있을 경우 간접흡연으로 인한 건강 악화이다. 수십 년간 시행된 일련의 역학조사 결과는 같은 집에 흡연자가 적어도 한 명 동거하고 있는 경우 비흡연자의 폐암, 심장병, 폐기종 위험이 심각하게 증가하는 사실을 보여 준다(Phelps 2017). 간접흡연의 이환율 및 치사율은 아직까지 완전히 증명되지 않았지만 이전 사례보다 심각한 외부 효과의 사례가 관련 근거들과 함께 계속 축적되고 있다.

부정적 외부 효과의 또 다른 사례는 비만이다. 비만은 고혈압, 심혈관질환, 당뇨병, 관절염 등 만성질환의 위험을 증가시켜 의료비용을 높일 수 있는 대표적인 건강 문제이다. 개인의 선택에 따른 체중 증가는 개인에게 효용을 가져다줄 수 있지만, 건강보험 지출을 늘리고 결국 건강보험 가입자의 평균 보험료가 높아지는 부정적 외부 효과를 초래할 수 있다. 일각에서는 건강보험이 비만과 관련한 질병 치료에 대한 보장성을 제공하기 때문에 개인이 건강한 식습관, 운동, 체중 관리를 할 유인이 저하되는, 일명 사전적 도덕적 해이(ex-ante moral hazard) 역시 발생할 수 있다고 지적하기도 한다(Cawley 2015). 도덕적 해이에 대한 자세한 내용은 다음 장에서 다룬다.

항생제 과다처방과 복약순응 실패로 인해 다제내성균이 발생하는 것 또한 대표적인 부정적 외부효과 중 하나이다. 한국은 다른 선진국에 비해 항생제 처방률이 높은 편이다. 2021년 기준 우리나라의 항생제 처방률은 OECD 평균 대비 약 1.2배 높다. 영유아의 항생제 처방률은 38.9%에 달하여 주요 선진국에 비해 몇 배 높은 것으로 조사되었다. 이렇게 항생제가 과도하게 사용되면 항생제 내성으로 인해 감염성 질환의 치료가 더 어려워지고 대체 항생제 개발 및 의료비 증가 등 다양한 외부 효과가 발생할 수 있다.

반대로 백신 접종으로 인한 집단면역, 연구 활동을 통한 정보 생성 등 긍정적인 외부 효과가 작동하는 경우도 있다. 전염병의 발생과 통제는 보건 및 의료와 관련된 외부 효과의 전통적인 사례이다. 호흡기 분비물을 통한 전파 위험이 높은 감기, 독감 등의 전염성 질환은 대유행으로 이어질 경우 막대한 사회경제적 비용이 유발될 수 있다. 따라서 독감 유행 전에 사전 예방접종을 하고 유행기에 마스크를 착용하거나 밀집 지역의 방문을 피하는 것은 감염 전파를 감소시키는 긍정적 외부 효과를 가져온다.

특히, 인구의 일정 비율 이상이 예방접종을 받는다면 집단면역 형성을 통해 감염병의 전파를 효과적으로 억제할 수 있다. 이때 백신 접종의 사회경제적 가치는 매우 높지만, 개인이 인식하는 백신 접종의 가치 또는 백신 접종에 대한 개인의 지불 의사액은 사회적 관점에서 필요한 가치에 미치지 못하는 것이 일반적이다. 역수요함수• 이론을 고려하면, 백신 접종의 가치는 지불 의사를 의미하며 이는 백신 접종의 수요를 의미한다. 개인의 결정에만 맡기면 사회적으로 필요한 만큼의 백신 접종이 이루어지지 못하는 상황에 직면할 수 있다. 따라서 정책 측면에서는 사회적 관점에서의 최적 수준까지 충분한 수의 주민이 백신 접종을 받도록 설득하

역수요함수: 일반적인 수요함수는 재화와 서비스의 수요량(Q)을 가격(P)의 함수로 나타내지만, 역수요함수는 반대로 가격을 수요량의 함수로 표시한다. 역수요함수의 관점에서 보면, 수요곡선 위의 한 점은 그 수량에 대해 소비자들이 얼마나 가치를 부여하는지를 의미한다. 따라서 역수요함수는 수요자의 한계편익(marginal benefit) 곡선이라고도 한다.

거나 유도할 방안을 찾는 것이 중요하다. 무료 접종, 백신 부작용에 대한 피해 보상 등이 그러한 정책 사례이다.

건강한 행동을 유도하기 위한 다양한 정책들

이상에서 살펴본 흡연, 비만 등 부정적 외부 효과를 억제하고 백신 접종 등 긍정적 외부 효과를 유도하기 위한 가장 일반적인 정책 수단은 과세와 보조금 정책이다. 아래에서 더 논의하겠지만 담뱃세와 비만세 등은 흡연과 비만의 수요를 낮추는 것을 목표로 하며, 반대로 백신 접종에 대한 보조금 지급은 백신 수요를 높이는 것을 목표로 한다. 일반적으로 시장 가격에 영향을 주는 시장 개입은 후생 손실(welfare loss)• 을 초래한다고 알려져 있지만, 과세와 보조금 지급은 외부 효과 때문에 발생한 후생 손실을 줄이기 위한 정책 수단으로 바라볼 필요가 있다. 그러나 비만을 줄이기 위한 비만세(fat tax)•, 설탕세 등 과세 정책은 외부 효과를 초래하지 않는 개인에게도 사회적 부담을 전가시키는 부작용이 있고, 백신 접종 보조금은 원래 백신을 맞으려고 하였던 개

후생 손실: 시장에 비효율이 생겨서 사회 전체가 얻을 수 있었던 총후생(total welfare)이 줄어든 부분을 의미한다. 시장이 세금 부과, 가격 규제, 독점 등으로 인해 자유롭게 균형을 이루지 못하여 생산과 소비가 줄어들어 잃어버린 가치를 말한다.

비만세: 비만을 초래하는 식료품에 세금을 부과하는 제도이다. 주로 설탕, 지방, 열량이 높은 가공식품이나 탄산음료 등이 대상이 된다.

인에게까지 보조금이 지급되어 재정적 부담이 커지는 등 한계가 존재한다.

따라서 건강한 행동을 유도하기 위해 가격 정책 이외에도 다양한 정책 수단들이 논의되어 왔다. 그중 하나가 정보의 생성과 확산이다. 대표적인 사례로, 1964년에 미국 공중위생국은 흡연이 건강에 미치는 영향을 과학적으로 종합 분석한 보고서를 발표하였다(U.S. Department of Health, Education, and Welfare 1964). 이 보고서는 20세기 중반까지 흡연이 일반적인 생활 습관으로 여겨졌던 미국 사회에 상당한 영향을 주게 되었으며, 1964년 보고서 발표 이후 흡연에 대한 공공 정책과 사회적 인식이 크게 변화하여 미국 내 흡연율 감소의 중대한 계기가 되었다.

한편, 제도 개선을 통해 긍정적 외부 효과를 유도하는 정책의 사례도 있다. 미국은 1986년 국가 어린이 백신 상해법(National Childhood Vaccine Injury Act)을 제정하는데, 이는 미국 내 백신 부작용으로 인한 문제를 체계적으로 관리하고, 소송 위험으로부터 백신 제조사의 재정적 위험을 경감시키고, 백신 생산과 유통을 촉진하기 위한 법안이었다. 백신에 대한 신뢰를 높여 백신 수요와 공급을 동시에 높여 사회적 최적 균형을 이루려는 정책 수단으로 이해할 수 있다.

이제 사회적 비용을 초래하는 건강 행태를 개선하기 위한 정부 정책들과 그 효과를 더 구체적으로 살펴보자. 우선 정부의 금연 정책은 금연 교육, 담뱃갑에 경고 그림 및 경고 문구를 넣는 캠페인, 금연 활동에 대한 지원, 담뱃세 인상 등 대체로 담배 수요를 낮추는 정책에 초점을 맞추어 왔다. 같은 맥락에서 질병 부담과 의료비 지출을 높이는 다른 건강 행태인 비만과 음주 문제 대응에도 대국민 캠페인 등의 정책들이 적극적으로 활용되어 왔다.

죄악세: 담배, 주류, 비만 유발 식품, 도박 등에 부과되는 세금은 죄악세(sin tax)로도 불린다.

그중에서도 특히 가격 정책은 담배, 주류 등에 세금을 부과•하여 가격을 높여 수요를 억제하는 정책이다. 주요 목적은 수요를 억제하는 것이지만, 수요가 비탄력적인 담배와 주류에 대한 세금 부과는 조세로 인한 경제적 비효율성이 작아서 조세 수입을 높이기 위한 수단으로도 간주되어 왔다. 그러나 담배와 주류는 수요의 가격 탄력성•이 낮은 만큼 조세 부담을 통해 흡연율과 음주율을 낮추는 효과는 제한적이라는 것이 일반적인 연구의 결과들이다.

수요의 가격 탄력성: 재화나 서비스의 가격이 변할 때 수요량이 얼마나 민감하게 변하는지를 나타내는 지표이다. 이 지표의 절댓값이 1보다 크면 탄력적 수요라고 하며, 1보다 작으면 비탄력적 수요라고 한다.

Kim and Jung(2020)은 2015년에 단행한 한국의 담뱃세 인상이 남성들의 금연에 미친 영향을 실증 분석하였다. 연구 결과에 따르면, 2015년 담뱃세가 114% 인상된 이후 신규 흡연자가 줄고, 기존 흡연자의 금연율과 담배 소비량도 감소한 것으로 추정되었다. 그러나 건강 행태에 미치는 긍정적인 효과는 2016년부터는 나타나지 않은 것으로 분석하였다. 김범 외(2022)의 연구에서는 담뱃세 인상은 저소득층의 소비에서 담배 지출 비중을 높이는 역진성• 이 존재한다는 문제점을 지적하기도 한다.

역진성: 소득이 낮은 사람일수록 부담이 상대적으로 더 커지는 현상을 의미한다.

다른 국가의 담배 가격 인상 효과를 분석하였던 86개 연구를 종합적으로 살펴본 Gallet and List(2003)의 논문에 따르면, 일반적으로 담배 수요의 가격 탄력성은 약 −0.4로 추정되었다. 이는 담배 가격이 10% 상승할 때 담배 소비량이 약 4% 감소함을 의미한다. 하지만 데이터의 유형, 시간 범위, 지리적 지역, 정책적 요인(세금, 금연 캠페인 등)에 따라 가격 탄력성이 다른 점을 지적하기도 한다. 이 연구의 결과는 담배 소비가 대체적으로 가격 비탄력적이고 사회경제적 환경에 따라 효과가 다를 수 있음을 시사한다.

주류세의 경우 30년 동안의 미국 지역별 자료를 활용하여 실증 분석한 연구 결과에 따르면, 맥주에 대한 주류세 1% 증가가 청소년 음주를 1% 감소시키는 것을 발견하였다(Carpenter *et al.* 2007). 또한 맥주에 대한 소비세(beer excise tax)가 1달러 증가함에 따라 청소년 음주가 2% 포인트 감소하였으나 폭음률에는 유의한 영향이 없음을 발견하기도 하였다(Cook and Moore 2001).

비만의 경우 문제를 해결하기 위해 경제학자가 가장 흔히 제안하는 가격 정책은 설탕이 첨가된 음료에 대한 설탕세이다(Cawley 2015). 미국에서는 34개 주에서 식품점에서 판매되는 청량음료에 평균 약 4.02%의 세금을 부과하며 15개 주에서는 스낵에 약 1.2%의 세금을 부과한다(Chiriqui *et al.* 2008). 하지만 이런 가격 정책의 효과에 대한 연구들은, 고열량 식품에 대한 조세는 소비량에 큰 영향을 미치지 않았으며, 소비량을 유의하게 감소시키기 위해서는 현재 수준보다 높은 세율을 책정해야 하는 것으로 분석한 바 있다(Fletcher *et al.* 2010; Chaloupka *et al.* 2011; Powell and Chaloupka 2009).

반대로 건강 증진을 위한 행위에 지불하는 비용

을 보조하는 정책으로 건강에 도움이 되는 건강 행태를 유도하기도 한다. 대표적인 사례로서 예방접종, 정기 건강검진, 암검진 등의 예방적 서비스를 무료로 제공하거나 보조금을 지급하는 정책이 있다. 특히, 한국의 건강검진 정책은 만성질환과 주요 질환을 조기 발견하여 치료를 유도하는 데 중점을 둔 공공보건 정책이다. 현재 20세 이상 국민건강보험 가입자에 대해서는 1~2년마다 정기적인 일반건강검진 서비스를 무료로 제공하고 있으며, 40세와 66세를 대상으로 대사증후군, 우울증, 치매 선별검사 등을 포함하는 생애주기별 건강검진을 실시하고 있다. 또한 40세 이상 국민을 대상으로 주기적인 암검진과 6세 이하 영유아 건강검진 등도 국민 건강 증진을 유도하기 위한 대표적인 정책이다.

건강검진 본인부담금 지원 정책과 홍보 덕분에 건강검진의 수검률은 지난 20년 사이 빠르게 증가하였다. 일반건강검진의 수검률은 2023년 75.9%에 달하였다(국민건강보험「건강검진통계」). 한국보건의료연구원에 따르면, 일반건강검진을 정기적으로 받는 경우 조기 치료와 관리로 이어져 사망 위험이 최대 35% 감소하는 것으로 분석하였으며, 검진 횟수가

많을수록 평균 의료비 지출도 감소한 것으로 나타났다(한국보건의료연구원 외 2014).

또 다른 국가 검진인 국가 암검진 역시 수검률이 빠르게 증가하였으며, 위암 검진의 수검률은 2002년 11.4%에서 2023년 62.9%로 증가하였다(자료: 지표누리-국가 암검진 수검률). 회귀불연속(regression discontinuity: RD) 모형•을 활용한 실증 분석 결과에서도 국가 암검진의 본인부담금을 면제했을 때 면제자의 수검률이 약 10% 증가하는 효과를 발견할 수 있었다(Kim and Lee 2017). 하지만 가파른 수검률 증가에도 불구하고 사망률 감소에는 유의한 효과를 발견할 수 없었는데, 이는 국가 암검진의 실효성 자체에 대한 의문을 제기하기도 한다.

회귀불연속 모형: 정책 효과의 인과성 분석에서 자주 활용하는 준실험적 방법이다. 연령 기준 등 어떤 임계값(threshold)을 기준으로 정책 개입이 주어질 때 그 임계값 근처에서 결과 변수의 불연속적 변화를 이용하여 인과 효과를 추정한다.

행태경제학적 접근

한편, 흡연과 비만 등 건강 행태 문제를 수요 측면에서 성공적으로 해결하기 위해서는 수요자의 행동을 어떻게 올바른 방향으로 유도하는지가 관건이다. 여기서 개인의 건강 행태 의사결정의 합리성에 대한 심도 있는 연구가 중요하며, 건강 행태는 소위 행태경제학(behavioral economics)• 연구의 주요한 영역이 되어 왔다(홍석철 2021). 해외에서는 개인의 건강 행태 결정에 대한 이론·실증적 연구와 함께 건강 행태의 합리적 선택을 유도하는 현장 실험 연구가 활발히 진행되었다. 국내 연구는 드물지만 최근 연구를 소개하자면, Shin and Kim(2022)은 일반적으로 소비자들이 선호하는 당 함유량이 높은 음료를 편의점의 판매대에서 눈높이와 먼 곳에 진열할 경우 해당 음료의 지출이 25% 감소함을 현장 실험을 통해 보였으며, 이 같은 실험 결과를 바람직한 건강 행태를 유도하기 위한 넛지(nudge) 정책•으로 활용될 수 있음을 제안하였다. 건강 행동을 개선하기 위한 행태경제학 이론과 해외 응용 사례들은 홍석철(2021)의 연구에서 소개하고 있다.

특히, 전통적인 경제학 이론에서는 개인이 장기적인 비용과 편익을 모두 고려하여 합리적으로 건강 행동을 위한 의사결정을 내린다고 가정하는 합리적 중독 이론을 앞세웠지만, 실제로는 흡연자들이 자신의 행동을 후회하거나 미래의 금연 계획을 지속적으로 번복하는 모습은 전통적인 경제학 모형으로 설명하기 어려웠다.

행태경제학: 인간의 심리, 감정, 인지 편향 등 실제 행동 특성을 반영하여 경제 현상이나 의사결정을 설명하는 경제학 분야이다. 전통적인 경제학은 개인이 합리적이라고 가정하지만, 행태경제학은 개인의 비합리성에 초점을 둔다. 행동경제학이라고도 불린다.

넛지 정책: 넛지 정책은 행태경제학의 대표적인 응용 분야이다. 행동을 강요하거나 금지하지 않고, 가벼운 정책 개입을 통해 개인의 선택과 선호 체계에 영향을 주어 바람직한 행동을 유도하게 만드는 정책을 의미한다.

최근에는 시간의 비일관성(time-inconsistency) 개념에 기반해 건강 행동을 설명하는 행태경제학적 접근이 주목을 받아 왔다. 대표적인 연구로서 Gruber and Koszegi(2001)는 중독이 단순히 합리적 선택의 결과가 아니라 자기 통제의 문제와 미래에 대한 비일관적인 시간 선호로 발생한다고 주장한다. 개인은 현재를 과대평가하고 미래를 과소평가하는 쌍곡형 할인(hyperbolic discounting)• 경향을 가지기 때문에 단기적인 유혹에 쉽게 흔들리며 장기적인 건강 상실의 비용을 무시한다는 것이다. 이에 따라 사람들이 계획과 실제 행동 간에 불일치를 보이며 중독으로 이어질 수 있다고 설명한다. 이와 같은 행태경제학적 접근은 개인의 건강 행동 변화를 유도하기 위한 정책 수립에 던져 주는 시사점이 매우 크다.

할인율: 미래의 가치를 현재 가치로 환산할 때 사용하는 비율이다. 할인율(discount rate)의 크기에 따라 미래의 가치를 얼마나 낮게 평가하느냐가 결정된다. 일반적으로 시간에 따라 일정한 할인율을 적용하는 것을 지수형 할인(exponential discounting)이라고 하며, 가까운 미래에 급격히 할인하는 것을 쌍곡형 할인이라고 한다.

만성질환 이외의 건강 부담

앞서 국내 대표적인 사망 원인으로 암, 심뇌혈관질환 등 만성질환을 꼽았는데, 만성질환이 아닌 사망 원인 중 가장 사망률이 높은 원인은 자살이다. 2023년 기준 자살이 전체 사망 원인에서 차지하는 비중은 4%에 달한다. 한국의 자살률은 사망원인 통계가 시작된 1983년 인구 10만 명당 8.7명에서 2011년 31.7명으로 최고점에 다다른 후 2023년까지 27.3명 수준으로 다소 낮아졌지만, 여전히 OECD 회원국들과 비교할 때 매우 높은 수준이다(자료: 지표누리 – 자살률).

높은 자살률은 삶과 죽음의 경계에 놓여 있으며 다양한 사회경제적 요인에 의해 극단적인 선택을 할 수 있는 인구 집단이 많다는 것을 의미한다. 이와 관련해서 Hong and Lee(2015)는 유명인의 자살이 일반인의 자살에 미치는 영향(소위 베르테르 효과)을 분석하였다. 연구에서 검토한 2000~2010년 사이 11건의 유명인 자살 중 적어도 5건은 유명인 자살 이후 2주에 걸쳐 일 평균 10명의 초과 자살 사망을 초래하는 것으로 추정되었다. 특히, 2008년 유명 여배우의 자살 이후 약 7주에 걸쳐 949명의 초과 자살 사망이 발생하였던 것으로 분석하였다. 주목할 사실은 초과 자살 사망으로 추정되는 사망자의 인구학적 특성이 유명인의 특성과 매우 유사하였는데, 이는 유명인의 자살이 삶과 죽음의 경계에 있는 개인의 극단적 선택을 촉발하였을 가능성이 있다는

|그림 5| **연령대별 자살률 추이, 1993~2023년**

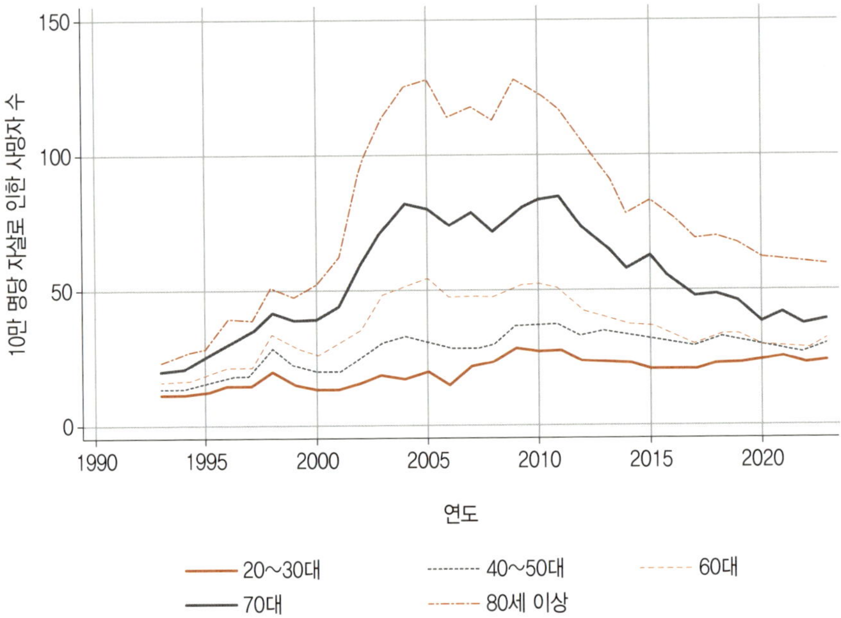

주: 연령대별 고의적 자해(자살)로 인한 사망자 수를 주민등록연앙인구로 나눈 값임.
자료: 통계청, 사망 원인 통계; 인구동향조사.

것을 의미한다.

한국의 자살률은 인구학적 특성을 강하게 띠고 있어 사회적 문제로 인식되어 왔다. 그림 5는 주민등록연앙인구 10만 명당 고의적 자해(자살)로 인한 사망자 수의 추이를 보여 준다. 2000년대 초 노인의 자살률이 빠르게 증가하였으며, 특히 80세 이상 노인의 자살률은 2005년 인구 10만 명당 128명에 달하였다. 2010년 이후 노인의 자살률은 감소하였으나 여전히 모든 인구 집단 중 가장 높은 자살률을 보인다.

이렇게 노인 자살률이 높은 이유로는 높은 노인 빈곤율에 따른 경제적 어려움과 생활고, 전통적인 대가족 구조가 붕괴하면서 심화되고 있는 사회적 고립과 외로움, 그리고 건강 문제 등이 지목되어 왔다.

또한 농촌 지역에서는 농약 같은 자살 수단에 쉽게 접근할 수 있는 환경이 문제로 지적되기도 하였다. 2010년 이후 자살률 추이가 꺾이게 된 배경으로는 2011년 자살예방법을 제정하여 자살을 국가 차원의 사회적 문제로 규정하고 적극적인 예방 대책을 내놓았기 때문으로 보인다. 2012년 이후 고독성 농약의 판매와 사용을 엄격히 제한하고 있으며, 2008년 기초노령연금과 2014년 기초연금의 도입으로 인해 저소득층 노인들의 경제적 부담도 완화되었다. 황인욱·이태진(2020)의 연구는 기초연금 도입으로 인해 수급액이 인상되자 기초연금을 받은 노인의 삶의 만족도가 증가하였음을 분석한 바 있다.

노인 자살률의 원인에서도 볼 수 있듯이 경제적

요인은 개인의 건강을 결정하는 주요한 요인 중 하나이다. 경제 수준이 건강에 영향을 주는 경로는 다양하다. 소득 수준의 격차는 의료접근성과 건강 관련 소비, 그리고 주거 환경의 격차를 초래하며, 소득 계층에 따라 비만, 흡연, 음주 등 건강 습관의 차이도 존재한다. 따라서 경제가 성장함에 따라 소득 수준이 증가하면 국민 건강도 증진되는 것이 일반적인 현상이다.

하지만 경기변동에 따른 국민 건강 수준의 변화를 살펴본 초창기 연구는 경기 호황이 오히려 건강에 부정적인 영향을 줄 수 있음을 밝혀 왔다. 대표적으로 Ruhm(2000)의 연구는 일반적인 예상과는 달리 경기가 악화되면 사망률 등 건강 지표가 개선되고, 반대로 경기가 좋아지면 지표가 악화됨을 보였다. 연구에서는 미시 자료 분석을 통해, 경기가 좋아지면 근무시간이 늘어 건강 관리를 위한 시간이 줄고, 음주 등의 건강 행태가 악화되며, 경제 활동과 교류가 빈번해지면서 감염성 질환의 확률도 높아질 수 있음을 보였다. 국내에서도 1991~2009년 자료를 활용한 이철희·김태훈(2011)의 연구에서 경기변동 지표인 실업률이 증가할 때 사망률이 감소하는 현상을 발견하였으며, 경기변동이 환경오염과 같은 외부 효과를 통해서 건강에 영향을 미쳤을 가능성을 제시하였다.

반면 실업률 등의 거시 지표와 사망률 사이의 관계를 살펴본 최근 연구들에서는 건강이 경기순응적(pro-cyclical) 또는 경기비순행적(acyclical)이라는 점이 발견되고 있다. Ruhm(2015)의 연구에서 1976~2010년 데이터를 활용한 분석은 사망률이 경기순응적이었으나 최근에는 경기비순행적으로 변하였다는 점을 발견하였다. 또한 심혈관질환이나 교통사고로 인한 사망은 경기순응적이나, 암으로 인한 사망 또는 질병 이외의 요인으로 인한 사망이 경기역행적(counter-cyclical)임을 분석하기도 하였다. 국내 연구에서도 이와 유사한 결과가 발견되고 있다. 홍석철 외(2010)의 연구에서 1983~2008년의 거시 자료를 활용하여 분석한 결과, 사망률이 경기순응적으로 변화함을 추정하였다. Lee and Kim(2017)의 연구에서 1989~2012년 실업률과 사망률을 활용하여 분석한 결과, 사망률은 2000년 이전까지는 경기순응적이었으나 2000년대 초반 이후로 경기역행적으로 바뀌었음이 발견되기도 하였다.

경기순응적: 변수가 경기 순환과 같은 방향으로 움직이는 현상을 일컫는다. 실질 GDP 변동과 양의 상관관계를 가진다면 경기순응적이며, 음의 상관관계를 가진다면 경기역행적, 상관관계가 없다면 경기비순행적이라고 불린다.

요약하자면, 1980년대 이후 유해 질병으로 인한 국민들의 질병 부담은 현저히 감소하였지만, 만성 질환에 의한 질병 부담은 크게 증가하였다. 수명 연장에 따른 만성질환 유병률 증가와 더불어 건강 행태의 악화가 주된 요인이다. 특히, 비만율의 증가는 심뇌혈관질환, 당뇨병 등 주요 만성질환의 사망률을 증가시킨 주된 이유로 지목되고 있다. 건강 행태를 개선하기 위한 다양한 정책적 지원이 증가하고 있지만, 효과적인 정책 수립을 위해서는 행태경제학적 접근과 더불어 경기변동 등의 경제 환경 변화에 따른 개인 선택에 대한 이해가 중요해지고 있다.

4

2000년대 이후:
건강보험의 역할과 한계

건강보험과 의료보장성

정보 비대칭과 도덕적 해이

유인 수요

우리나라의 만성질환 관리는 국민건강보험 체계 구축 과정과 밀접하게 관련된다. 만성질환과 같은 미래 건강 위험의 발생은 불확실성이 크기 때문에 의료 지출의 사전 대비가 쉽지 않다. 특히, 사전 대비 없이 예상치 못한 불의의 사고나 중증 질환이 발생할 때 높은 의료비를 감당하지 못해 적기에 적절한 치료를 받지 못하면 수명이 단축될 수도 있다. 건강보험은 이러한 개인의 위험을 한데 모아 효율적으로 위험을 회피하는 수단이며, 발생하는 의료비 중 본인 부담을 지불 가능한 수준으로 낮추어 필요한 의료 서비스를 이용할 수 있게 한다. 따라서 많은 국가에서는 공적 건강보험•을 운영하고 있다.

공적 건강보험: 국가 단위의 공적 건강보험의 운영 방식은 크게 사회보험 방식과 국가보건 서비스 방식으로 구분된다. 전자는 국민이 지불하는 보험료와 일부 국고 지원을 기반으로 건강보험을 운영하는 방식으로 독일, 프랑스, 일본 등이 이 방식을 채택하고 있다. 후자는 정부 일반 조세를 기반으로 보건의료 서비스를 제공하는 방식이며, 영국, 캐나다, 호주 등이 이 방식을 따르고 있다.

한국에서 사회보장제도로서 국민건강보험제도 도입의 틀은 1963년 「의료보험법」을 제정하면서 시작되었다. 1977년부터 500인 이상 사업장에 강제 가입을 기반으로 한 의료보험조합제도가 시작된 이후 점차 지역별, 직능별로 대상 범위가 확대되어 1989년에는 전 국민에게 확대되었다. 그리고 2000년에는 국민의료보험관리공단과 전국의 직장의료보험조합이 국민건강보험공단으로 통합되었다.

앞서 논의한 기대수명 증가, 만성질환으로 인한

|그림 6| GDP 대비 의료비 비중 추이, 1980~2023년

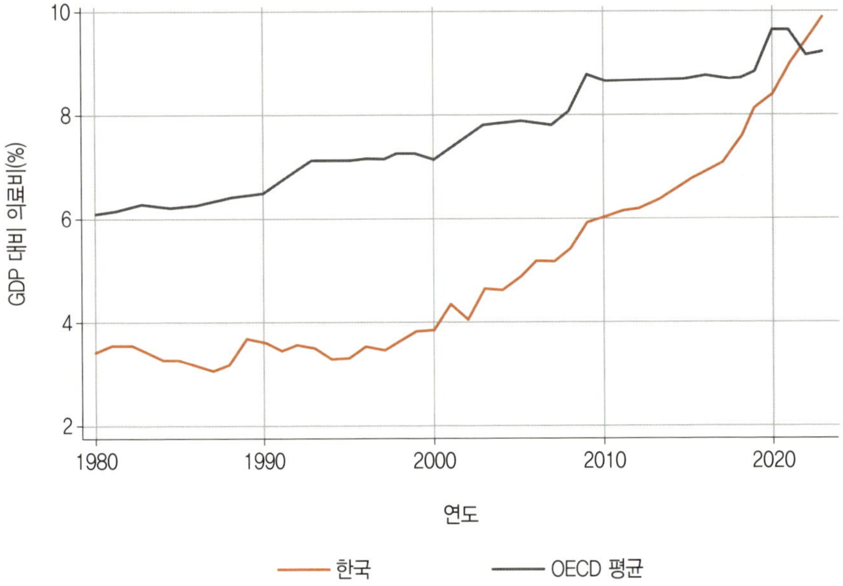

자료: OECD Health Statistics.

질병 부담 증가에 이어 전 국민 의료보장으로 인한 의료 서비스 수요 증가로 인해 한국의 의료비 지출은 2000년 이후 빠르게 증가해 왔다. 그 결과 그림 6에서 볼 수 있듯이 한국의 국민총생산(GDP) 대비 의료비 지출 비중은 최근 OECD 평균 수준을 넘어선 상황이다.

건강보험과 의료보장성

우리나라의 건강보험은 전 국민이 의무적으로 가입하는 공적 보험이다. 전 국민 의료보험의 가장 큰 장점은 역선택(adverse selection)• 문제로부터 자유롭다는 점이다. 역선택 문제가 심화되면 보험료 상승으로 이어져 상대적으로 건강한 가입자들이 보험시장을 떠나면서 보험시장의 안정성이 저해된다. 가령 비정상적인 체중 손실로 암이 의심되거나 출산을 계획하거나 치질 혹은 탈장 치료가 필요하다고 생각하는 사람들은 보장 범위가 넓은 보험에 가입할 유인이 있으며, 이로 인해 보험료 수입에 비해 의료비 지출이 높은 현상이 반복된다면 보험사는 파산할 것이다. 하지만 건강보험 가입이 의무라면 이처럼 건강하지 않아 의료 지출이 높을 사람만 보험에 가입하는 문제를 피할 수 있으므로 많은 국가에서 전 국민 건강보험제도를 운영하고 있다.

역선택: 보험 구매자가 판매자보다 자신의 건강에 대해 더 많은 정보를 가지고 있는 불완전한 정보로 인해 발생하는 시장 실패 문제이다. 보험회사는 보험 가입자가 지출할 의료비에 대한 회계적 예측에 기반해서 보험을 시장에 내놓지만, 불완전한 정보 또는 정보 비대칭으로 인해 의료비 지출이 높을 사람들만 보험을 구매하는 현상을 일컫는다.

2000년 이후 한국의 건강보험은 의료보장성을 높이고 의료접근성을 개선하는 데 큰 기여를 하였다. 대표적으로 고액의 비용과 장기간의 치료가 요구되는 질환 진료 시 환자의 본인부담금을 경감시켜 주는 산정특례제도가 있다. 산정특례제도는 2005년부터 본격적으로 확대되어 암, 심장질환, 뇌혈관질환으로 진단받은 환자의 본인부담률이 20%에서 10%로 인하되었으며, 이후 2009년에는 등록 암환자 그리고 2010년에는 심뇌혈관질환자의 본인부담률이 10%에서 5%로 인하되었다. 또한 희귀난치성질환, 중증화상, 결핵에 대한 본인부담률도 경감 또는 면제되었다. 그 외에도 2006년에는 6세 미만 영유아의 입원진료비 중 건강보험 적용을 받는 법정 본인부담금을 면제하는 제도가 실시되었고, 2015년부터는 고위험 임산부의 입원진료, 2016년부터는 제왕절개분만의 본인부담금이 경감되었다. 2017년부터는 건강보험 보장률 개선을 위해 3,600여 개의 비급여 항목을 급여화하는 보장성 강화 정책을 실시하였다.

또한 2004년부터는 과도한 의료비로 인한 가계 부담을 덜기 위해 환자가 부담하는 건강보험 본인부담금의 상한을 정하는 본인부담액 상한제가 도입되었다. 2004년에는 소득에 관계없이 일률적으로 상한액을 정하였으나, 2009년부터는 소득 수준에 따라 가계 부담이 상이한 점을 고려하여 본인 부담

상한액을 소득에 따라 3단계로 구분하고, 소득 하위 50%는 연간 200만 원, 중위 30%는 연간 300만 원, 상위 20%는 연간 400만 원으로 상한액을 차등하였다. 이후 2014년부터는 소득 구간을 7단계로 세분화하고, 2015년부터는 매년 전년도 상한액에 전국 소비자물가지수 변동률을 적용하여 상한액을 조정하고, 2018년부터는 소득 1~5분위에 해당하는 가입자의 요양병원• 120일 초과 입원에 대해서 보다 높은 상한액을 적용하였다.

요양병원: 만성 질환 및 회복기 노인 등을 대상으로 한 장기 입원 치료 기관이다. 하지만 건강보험의 본인 부담 상한액이 낮아 의학적 입원 필요성이 크지 않아도 장기 입원하는 사회적 입원 문제가 제기되었다. 이 문제 해결을 위해 120일 초과 입원에 대해 상한액을 높이는 합리적인 체계 방안이 도입되었다.

그러나 국민건강보험의 보장성 확대로 의료비의 본인 부담이 낮아짐에 따라 의료 이용과 지출이 증가하는 것은 불가피하며, 과도한 의료 이용에 대한 논의가 오랫동안 진행되어 왔다. 건강보험 보장성 확대가 의료 이용 변화에 어떤 영향을 미치는지를 규명하기 위한 가장 효과적인 방법은 실험을 진행하는 것이다.

가장 선구적인 연구로서, 1970년대 중반 미국 주 정부는 RAND 연구소를 통해 건강보험실험(health insurance experiment: HIE)을 활용한 무작위 통제 연구를 시행하였다. 실험 결과 전반적인 의료 서비스의 가격 탄력성은 −0.2로 관측되었다(Manning *et al*. 1987; Keeler and Rolph 1988). 이는 건강보험 도입으로 가격이 10% 낮아지면 의료 이용량이 2% 증가하는 것을 의미한다. 또한 가격 탄력성의 패턴은 '의료적 필요성'에 대한 직관에 부합하였다. 입원진료의 수요는 가격에 대해 가장 덜 민감하였으며, 예방 검진과 같은 웰니스 케어는 가격 변화에 대해 가장 민감하였으며, 급성과 만성질환 진료를 위한 외래진료의 가격 민감도는 그 중간에 위치하였다. 대부분의 의료 서비스의 가격 탄력성은 일반적으로 −0.1에서 −0.3 범위에 있었다(Keeler and Rolph 1988).

또한 입원과 외래진료는 상호 보완적이었는데, 외래진료에 대한 보장성이 낮을수록 외래진료와 입원 이용률이 모두 감소하였다. 처방 약 수요는 다른 의료 서비스보다 가격에 더 민감하며, 정신건강 진료는 다른 유형의 외래진료만큼이나 가격에 민감하였다. 치과 진료는 높은 수준의 본인 일부 부담에서 비교적 높은 가격 탄력성이 나타났지만, 낮은 수준의 본인 일부 부담에서는 입원진료를 포함한 거의 모든 의료 서비스에서의 추정치보다 낮은 탄력성을 보였다. 또한 실험 초기에 그동안 밀렸던 치과적 문제들을 해결하는 양상을 보였다. 소득, 건강 상태

또는 치료의 적합성에 따라 수요의 가격 탄력성이 다르지는 않았다(Newhouse 1993).

하지만 위와 같은 대규모 정책 실험은 윤리적·비용적 문제로 인해 시행하기 어려운 단점을 갖는다. 따라서 많은 연구에서는 준실험적인 방법론을 활용하여 건강보험 보장성이 의료 이용에 미친 인과 효과를 추정하기도 한다. 보통 선행연구들은 계량경제학적 방법론인 이중차분법과 회귀단절 모형을 활용하여 주요한 보장성 확대 정책 변화 전후로 의료 이용 변화를 실증 분석한다. 특히, 건강보험 보장성 강화가 의료 이용에 미친 영향을 분석한 국내 연구 중 정책 실험 연구는 매우 드물며, 계량경제학 방법을 활용한 실증연구가 주를 이루고 있다.

예를 들어, 2006년 6세 미만 영유아의 입원진료비 본인부담률을 기존 20%에서 면제로 완화하면서 영유아 입원율은 8% 증가하였고 관련 진료비는 약 10% 증가한 것으로 분석되었다(김지혜 2017). 이 연구는 정책의 영향을 받았던 6세 미만 영유아(처치 집단)와 비교 가능한 다른 연령대(통제 집단) 간에 2006년 정책 시행 전후의 입원 이용량을 비교하는 이중차분법 모형을 활용하였다. 의료보장성을 강화함에 따라 영유아 입원의 경우에도 입원율이 증가했다는 연구 결과는 두 가지로 해석이 가능하다. 우선 높은 본인 부담으로 미충족되었던 의료 수요가 보장성 강화 정책으로 해소되었을 가능성이 존재한다. 또한 본인부담률이 낮아지면서 의료 이용의 유효 가격이 감소해서 의료 수요가 늘었다고 볼 수 있다. 어떤 요인의 영향이 컸는지를 규명하기 위해서는 좀 더 엄밀한 연구가 뒷받침되어야 하지만 후자의 경우는 아래에서 논의할 도덕적 해이와 연관된다.

주목할 사실은, 건강보험공단은 2006년 정책 시행 이후 불필요한 입원이 발생하는 등 부작용이 발생하자 2008년 영유아 입원비 본인부담률을 다시 10%로 상향하였다. 그 효과를 분석한 연구에 따르면, 본인부담률 상향 이후 입원율이 다시 감소하지는 않았지만 입원이 필요한 질환 중에서 상대적으로 경증 질환의 입원당 재원일수와 진료비가 줄어든 것이 관측되었다(박혜정 2010). 이와 같은 현상은 일본에서도 발견되었는데, 영유아 의료비의 본인부담률이 0%에서 30%로 증가하였을 때의 수요 반응은 30%에서 0%로 감소하였을 때보다 두 배 이상 높은 것으로 발견되었다(Iizuka and Shigeoka 2022). 이러한 연구들은 의료 가격과 본인 부담의 변화에 따른 수요 변화는 질환의 중증도 및 치료의 시급성에 따라 상이함을 보여 주고 있다.

회귀불연속 모형을 활용하여 건강보험 보장성 강화의 효과를 추정한 연구로는 Han and Sohn(2023)의 연구를 들 수 있다. 이 연구에서는 2001년 도입된 노인외래정액제 정책의 효과를 분석한다. 국민건강보험은 노인외래정액제에 따라 65세 이전의 건강보험 가입자가 외래진료를 이용하는 경우 30%의 본인부담률을 부과하지만 65세부터는 15,000원 미만의 진료비에 대해서는 1,500원의 정액 본인 부담을 부과하고 있다. 따라서 65세를 전후로 외래 가격 정책이 정률제에서 정액제로 바뀌는 회귀불연속(regression discontinuity) 상황이 발생한다. 65세 생일 전후로 외래 이용량을 분석한 결과에 따르면, 65세 직후 노인외래정액제 혜택을 받게 되면서 외래 이용량이 30% 가까이 증가한 것이 관측되었다. 또한 이런 패턴은, 특히 저소득 계층에서 더욱 유의하게 관측되었다.

이처럼 건강보험 보장성 확대로 발생한 가격 인하에 대한 소비자의 의료 서비스 이용량 증가는 개인에게는 합리적인 선택이다. 하지만 개인의 합리성이 시장의 합리성을 항상 보장하는 것은 아니다. 보장성 확대가 미충족 의료를 해소하는 방향으로 합리적 선택을 유도한다면 사회후생(social welfare)은 증가하게 될 것이다. 하지만 보장성 확대가 불필요한 또는 과도한 의료 이용을 초래하는 방향으로 합리적 선택을 유인한다면 건강보험의 지출 증가와 보험료 인상으로 이어져 건강보험의 기능이 저하될 수도 있다. 이런 경우 개인의 합리적 선택은 사회후생을 감소시키게 된다.

정보 비대칭과 도덕적 해이

경제학 이론적 관점에서 보자면, 의료 서비스 시장의 효율성을 낮추는 대표적인 원인 중 하나는 정보 비대칭(asymmetric information) 문제이다. 정보 비대칭은 거래 당사자들 간에 정보가 불균등하게 분포되어 있는 상황을 의미하며, 그 결과 효율적인 자원 배분이 이루어지지 않아 소위 시장 실패를 초래하는 요인이다. 달리 말하자면, 정보 비대칭 문제가 심화되면 잘못된 정보로 재화나 서비스가 공정한 가치로 거래되지 않게 된다. 특히, 의료 서비스 시장에서 나타나는 정보 비대칭 문제는 건강보험 보장성 확대로 본인 부담이 낮아지면서 의료 이용이 증가하는 도덕적 해이(moral hazard)•와 의사-환자 간 정보 비대칭으로 발생하는 유인 수요(induced demand)이다.

그림 7의 (a)는 건강보험으로 인한 후생 손실 발생을 간단한 경제학 모형으로 제시하고 있다. 건강보험이 없는 의료 서비스 시장에서 균형 의료 이용량은 시장 가격과 의료수요곡선이 만나는 m_1에서 결정된다. 하지만 의료비 중 일부만 본인 부담을 하는 건강보험이 도입되면 개인이 부담하는 유효 가격이 하락하면서 의료 이용량은 m_2로 증가하게 된다. 이런 수요 반응을 도덕적 해이라고 하며, 이때 m_2와 m_1 간의 차이만큼 필요 이상의 의료 이용량이 발생하고 A로 표시된 삼각형 크기만큼의 후생 손실이 초래된다. 더 엄밀하게 설명하자면, 후생 손실은 증가한 의료 이용에 대해 시장 가격과 수요곡선(즉, 의료 서비스의 한계가치 또는 지불의사액) 간의 차이인 소비자 잉여(consumer surplus)의 손실로 정의된다.

또한 도덕적 해이로 인한 후생 손실은 의료 서비

도덕적 해이: 건강 상태가 동일하다는 조건 하에 가격에 대한 소비자의 의료 서비스 수요의 반응으로 정의된다(Pauly 1968; Cutler and Zeckhauser 2000). 가격에 따라 의료 서비스 구매량이 변하는 것은 개인으로서 지극히 합리적인 반응이지만, 경제학 문헌에서는 건강에 변화가 없음에도 가격에 대한 수요 반응이 있다면 이를 도덕적 해이로 칭해 왔다. 도덕적 해이는 의료비가 저렴해지면 건강 관리를 덜 하게 되는 사전적 도덕적 해이(ex-ante moral hazard)와 의료 이용량을 증가시키는 사후적 도덕적 해이(ex-post moral hazard)로 구분된다.

|그림 7| 도덕적 해이와 후생 손실

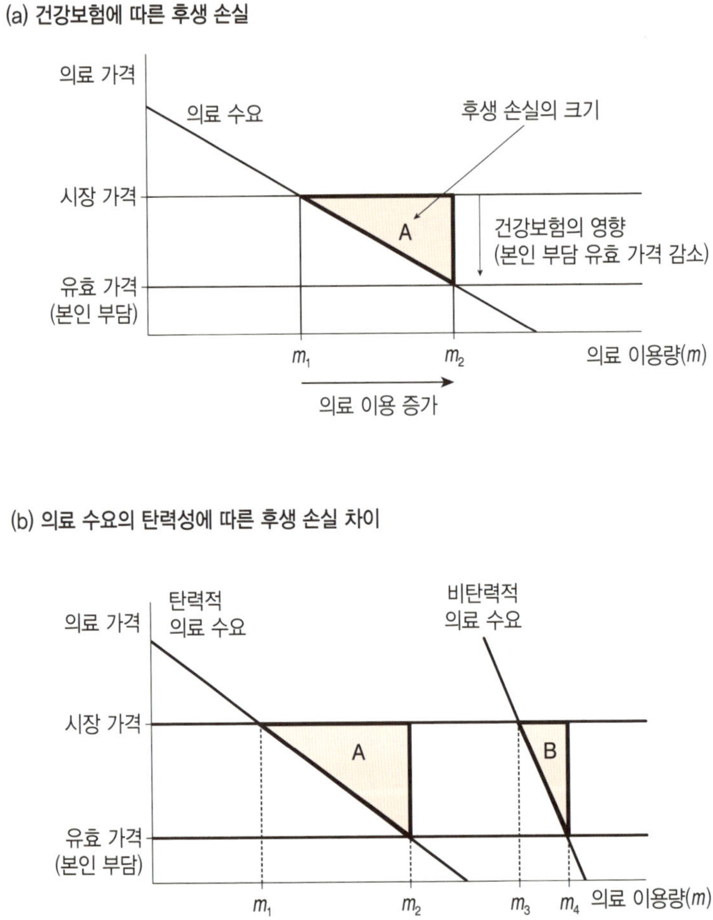

스 수요의 가격 탄력성에 영향을 받는다. 그림 7의 (b)에서 제시한 것처럼, 만약 의료 수요가 가격 변화

에 대해 비탄력적이라면 건강보험 도입에 따른 의료 서비스의 수요 변화가 작고 후생 손실의 크기도 상대적으로 작다. 반면 수요의 가격 탄력성이 크면 후생 손실은 증가한다.

이와 같은 의료 수요의 가격 탄력성과 후생 손실 간의 관계가 건강보험 정책 설계에 주는 시사점은 크다. 경증 질환처럼 의료 서비스의 수요가 가격 탄력적인 경우에는 보장성 강화는 오히려 과도한 의료 이용을 초래하여 후생 손실이 크게 발생할 가능성이 높다. 반면 중증 질환의 경우 의료 서비스 가격 변화에 덜 민감하게 반응하고 과도한 의료 이용보다는 불의의 질병으로 인한 의료비 부담을 낮추는 역할이 더 커지기 때문에 보장성 강화의 후생 손실도 작고 보험의 순기능을 기대할 수 있다.

한국의 경우, 건강보험 가입에 따른 도덕적 해이 문제는 실손보험• 시장에서 더욱 뚜렷하게 관측되고 있다. 실손형 민간 보험은 수요의 가격 탄력성이 높은 고가의 비급여 의료 서비스 의료비를 보장하고 국민건강보험의 본인 부담액에 대해서도 추가 보장을 하면서 도덕적 해이에 취약한 보험 형태를 갖는다. Ko(2020)의 연구는 민간 건강보험 가입

실손보험: 의료비 중 국민건강보험으로 보장되지 않은 금액(본인부담금, 비급여)을 보장해 주는 보험이다. 국민건강보험의 보충형 보험으로 시작되었으며, 2023년 가입자 수는 약 3,900만 명에 달한다.

으로 건강상의 편익이 낮은 의료 서비스의 의료 이용이 유의하게 증가하였음을 실증 분석한 바 있다.

하지만 몇 차례 강조하였듯이 가격 변화에 대한 의료 수요의 반응을 모두 도덕적 해이로 규정하는 것은 유의할 필요가 있다. 가격이 낮아질 때 의료 필요성에 따라 미충족 의료가 해소되는 것은 불필요한 의료 이용의 증가와 다르기 때문이다. 이에 도덕적 해이에 관한 실증연구는 가격에 대한 합리적인 반응과 그렇지 않은 반응을 구분하려는 노력이 있었다. 대표적인 방법은 '도넛홀'(donut hole)[•]을 활용하는 것인데, 본인부담률이 급격히 감소하였다가 다시 증가하는 구간이 생길 때 본인부담률이 감소하는 금액 직전에 의료 이용량이 몰리는 현상을 발견함으로써 의료 필요성보다는 가격에 민감하게 반응한다는 점을 발견하기도 하였다(Einav, Finkelstein, and Schrimpf 2015; Einav and Finkelstein 2018).

도넛홀: 보건의료 및 보험 제도에서 특정 구간의 보장 공백 또는 중단 구간을 비유적으로 표현한 용어이다.

그리고 최근 연구에서는 의료 수요 반응을 비용 대비 편익이 큰 고가치 의료에 대한 반응과 그 반대인 저가치 의료에 대한 반응으로 구분해야 한다는 논의가 진행되고 있다(Baicker and Goldman 2011; Baicker *et al*. 2015). 이에 대한 실증연구도 활발히 진행되었는데, Brot-Goldberg *et al.*(2017)은 고용주 제공 건강보험의 본인부담률이 더 높은 보험으로 변경되었을 때 가입자는 고가치 의료와 저가치 의료를 모두 줄이는 것으로 분석하였다. Chandra *et al.*(2024)은 65세에 이르렀을 때 출생월이 빠를수록 도넛홀 적용 구간에 빠르게 도달한다는 점을 자연실험으로 활용하여 의료 수요 반응을 추정하였는데, 의료비 부담이 오를 때 의약품에 대한 수요가 감소하였으며 심혈관질환 위험이 높은 사람도 고가치 의약품을 중단한다는 점을 발견하였다. 한편, 의료 서비스를 무료로 제공할 때에 비해 아주 적은 금액을 지불하게 되었을 때는 고가치 의료보다는 저가치 의료에 대한 반응이 더욱 크다는 점이 발견되기도 하였다(Iizuka and Shigeoka 2022; Choi 2025).

이처럼 본인부담금 증가가 불필요한 서비스에 대한 수요뿐만 아니라 필수 의료 서비스에 대한 수요도 낮출 가능성이 존재하기에 본인부담률을 통해 의료 수요를 억제할 때 주의를 기울일 필요가 있다. 이에 따라 저가치 의료 서비스에 대한 가격만 선별적으로 올리는 방법인 가치 기반 보험 설계(value-based insurance design)가 대안으로 논의되기도 한다.

유인 수요

의료 서비스 시장에서 또 다른 정보 비대칭 문제는 유인 수요이다. McGuire(2000)는 유인 수요 또는 공급자 유인 수요•를 게임이론에서 소개하는 '대리인'의 개념을 이용하여 설명한다. 환자(본인)는 의사(대리인)에게 진단 및 그에 따른 치료 등 중요한 의학적 의사결정권을 위임하는데, 유인 수요 문제는 본인이 자신의 권리를 위임받은 대리인의 행동을 전적으로 감독할 능력이 없을 때 발생한다. 예를 들어, 환자가 의료 전문성이 부족하다는 단점을 활용해서 의사가 불필요한 의료 서비스를 제공하여 경제적 이득을 취하는 행위를 의미한다.

유인 수요: 환자가 가장 관심을 두고 있는 것이 무엇인지 의사가 알고 있음에도 불구하고 다른 목적을 위해 의사가 환자의 의료 서비스의 수요에 영향을 미치는 행위를 의미한다(McGuire 2000).

이러한 공급자 유인 수요 역시 여러 실증연구 사례에서 관측된 바 있다. 유인 수요 연구의 한 축은 가용성 효과(availability effect)를 규명하는데, 환자 수 대비 의사 수가 증가하여 경쟁이 심화되고 평균 소득이 감소할 때 의사들이 더 많은 의료 서비스를 제공한다는 것을 보여 주는 연구들이다. 기존 연구들에서는 대체적으로 의사–환자 비율과 의료 이용량 사이에 양의 상관관계가 있음이 분석되었는데, 환자의 건강 특성의 변화가 없음에도 불구하고 의사 수 증가에 따라 의료 이용량이 증가한다는 것은 의료 서비스 내 유인 수요가 존재함을 시사하는 결과이다(Fuchs 1978; Cromwell and Mitchell 1986; Phelps 1986; Feldman and Sloan 1988).

하지만 이에 대해 경제학자들은 수요가 높은 지역에서는 그러한 수요를 충당하기 위해 공급이 수반된다는 논리와 실증 결과를 제시하면서, 가격을 조정하기 어려울 때 의료 서비스의 균형 수량이 높은 것이 높은 수요 때문인지 아니면 높은 공급 때문인지 구분하기 어렵다는 문제에 직면해 왔다. 이런 문제점을 보완하기 위한 유인 수요 연구의 또 다른 축은 외생적인 가격 변화에 대한 공급자의 반응을 살펴보는 것이다.

그중 첫 번째 유형의 연구는 외생적인 수요 충격에 대한 반응을 연구하는 것이다. Gruber and Owings(1996)는 1970~1982년 사이 미국의 출산율이 13.5% 감소하면서 산부인과에서 자연분만보다 가격이 상대적으로 높은 제왕절개 분만이 많아졌다는 점을 발견하였다. 특히, 출산율 감소가 클수록 제왕절개 이용률도 높아지는 상관성을 분석하면서, 의사들이 더 높은 수익을 창출할 수 있는 제왕절개를 선호하는 유인 수요 가능성을 제기하였다.

한국의 경우에도 오랫동안 출산율이 낮아지고 제왕절개 분만율은 증가하는 추이를 보여 왔다. 제왕절개 분만율은 2012년 26.9%에서 2021년 58.7%로 크게 증가하였다. 김새롬 외(2023)의 연구는 한국의 제왕절개 분만율의 급증을 출산 연령 상승뿐만 아니라 상대적으로 제왕절개보다 낮은 자연분만 수가로 인해 의료 제공자의 경제적 유인이 복합적으로 작용한 결과로 설명한다.

두 번째 유형의 연구는 의사에게 지불되는 금액의 변화를 활용하여 더욱 외생적인 변화에 대한 반응을 살펴본다(Rossiter and Wilensky 1984; Dranove and Wehner 1994; Gruber and Owings 1999; Nguyen and Derrick 1997; Yip 1998; Jacobson *et al.* 2010; Rice 1983). 예를 들어, Yip(1988)은 1987년 미국에서 통합예산조정법(Omnibus Budget Reconciliation Act)•이 제정되면서, 메디케어가 제공하는 관상동맥우회술의 가격이 낮아지자 가장 큰 소득 하락을 겪은 의사들이 수

통합예산조정법: 1987년 통합예산조정법은 미국 연방 정부가 예산 절감을 목표로 다양한 복지 및 메디케어, 메디케이드 등 보건 프로그램을 조정한 법률이다.

술 횟수를 더 늘린다는 점을 발견하였다.

유사한 국내 연구 사례로는 신민경(2009)의 연구를 들 수 있다. 이 연구는 강원도 한 대학병원의 2004~2007년 MRI 청구 자료를 활용하여, 2005년 일부 MRI가 건강보험 급여 서비스로 전환된 이후 근육 골격계 및 결합조직의 질환 등 보험 적용이 안 되는 비급여 부문에서의 MRI 서비스 강도가 크게 증가한 것을 규명하였다. 이는 건강보험 급여 전환으로 인한 가격 하락과 병원 수익 감소에 대응하기 위해 비급여 서비스를 늘리는 유인 수요 가능성을 보여 준다.

이와 같은 도덕적 해이와 유인 수요의 문제가 만연하게 되면 건강보험의 안정성이 저해되고 결국 보험료 상승으로 이어져 건강하고 선량한 소비자들에게도 그 부담이 가중된다. 이런 문제를 해결하기 위해서는 도덕적 해이와 유인 수요의 문제를 감독하는 노력이 중요하며, 한국의 국민건강보험제도에서는 건강보험심사평가원이 건강보험 진료비 청구 내역의 적정성을 심사하는 역할을 해왔다.

심사평가원은 수술, 질병, 약제 사용 등 병원의 의료 서비스를 의·약학적 측면과 비용 효과성 측면에서 병원 평가를 실시하고 정보를 공개하여 의료 서비스 시장 내 효율성과 서비스 품질 개선을 도모해 왔다. 심사평가원의 정보 공개의 효과성을 살펴본 연구들도 존재하는데, 그중 심사평가원의 평가 항목 중 항생제 처방률 공개의 효과를 분석한 Kwon and Jun(2015)의 연구는 항생제 처방률 정보 공개는 의원 단위에서 감기 환자에 대한 항생제 처방률을 낮추는 효과가 있었음을 보였다. 가격 경쟁이 유인 수요를 유발하였던 것과는 달리 의료 서비스 시장 내 정보 공개는 또 다른 경쟁을 통해 합리적 의료 공급을 유발할 수 있으며, 이는 의료 서비스 시장 내 정보 비대칭 해소가 중요함을 시사한다.

정보 공개를 의료 이용 억제의 수단으로 활용하는 제도 중 가장 활발히 논의되는 제도는 처방 의약품 모니터링 프로그램(prescription drug monitoring programs: PDMP)이다. PDMP는 규제약물 처방을 추적하는 데이터베이스로서 보건당국과 공급자에게 약물 처방량에 대한 실시간에 가까운 정보를 제공한다. Buchmueller and Carey(2018)의 연구에서는 미국의 경우 환자 처방 내역을 의무적으로 조회해야 하는 의무조회(must-access) PDMP 도입이 메디케어

프로그램에서 약물 오남용을 감소시키는 것을 발견하였다. 이는 과도한 약물 사용에 따른 불필요한 지출을 방지한다는 측면에서 사회 후생을 증진하는 정책이다.

요약하자면, 2000년에 본격화된 국민건강보험은 1980년대부터 상승해 온 만성질환 부담을 관리하고 의료비 부담을 낮추는 데 큰 기여를 해왔다. 하지만 건강보험 보장성이 강화되면서 과도한 의료 수요와 공급에 따른 비효율성이 점차 증가하고 있다. 도덕적 해이, 유인 수요 등 건강보험의 비효율 문제는 의료 자원의 낭비와 건강보험료를 적정 수준 이상으로 높이는 후생 손실을 초래한다. 이는 향후 10년간 급격하게 진행될 인구고령화와 의료비 급증에 대응하기 위해서 지금까지의 경험을 교훈 삼아 적정 수준의 의료 수요와 공급을 유도할 수 있도록 국민건강보험제도의 재설계가 필요하다는 시사점을 제공한다.

5

2020년 이후:
초고령 사회와 팬데믹 대응

인구고령화와 의료비 증가

건강보험 지속 가능성

미래 감염병 위기

유해 질병 퇴치와 만성질환 관리의 성공에 힘입어 한국인의 수명은 선진국 중 최고 수준으로 연장되었지만, 오랫동안 지속된 출산율의 하락과 맞물려 급격한 인구고령화라는 또 다른 사회적 문제가 촉발되었다. 우리나라는 2024년 7월에 65세 이상 고령인구가 1,000만 명을 돌파하였고, 12월에는 고령인구 비중이 20% 넘어서면서 초고령사회로 진입하였다. 통계청의 장래인구추계에 따르면, 65세 이상 고령인구 비중은 2035년에는 30%에 다다르고 2045년에는 37%를 넘어서면 현재 가장 고령 국가인 일본을 추월할 것으로 예상된다.

인구고령화와 의료비 증가

이렇게 고령인구가 증가하면 앞서 논의한 만성질환에 따른 국민 질병 부담과 의료비 부담이 커지게 된다. 특히, 우리나라 인구 연령 구조 변화의 특징 중 하나는 75세 이상 후기 고령인구의 급증에서 찾을 수 있다. 베이비붐 세대(1955~1974년생)가 고령화되면서 75세 이상 인구는 향후 매년 20만~40만 명씩 증가해 2025년 450만 명(전체 인구의 8.3%)에서

2035년 1,521만 명(13.3%)으로 그리고 2045년에는 1,824만 명(21.4%)으로 급증할 전망이다. 고령층 내에서도 나이가 증가할수록 만성질환 유병률이 높아져 의료 수요와 지출이 커지므로 향후 국민 의료비는 인구고령화에 비례하여 증가할 것으로 보인다.

홍석철·최윤지(2021)의 연구는 인구고령화가 의료비 지출 증가에 미치는 영향을 분석한 바 있다. 그림 8은 국민건강보험 요양급여비용이 2010년 44조 원에서 2023년까지 113조 원으로 3배가량 증가한 것을 보여 준다. 연구에서는 의료수가 상승, 인구고령화, 그리고 정책·기술·소득 등의 변화에 따른 의료 이용 증가가 진료비 증가에 미친 기여도를 분석하였다. 분석 결과에 따르면, 2010~2019년 동안 건강보험 요양급여비는 약 42조 원 증가하였으며 증가액의 32.1%는 고령인구 증가로 설명되었다. 그 외에도 의료수가 상승이 36.2%를, 정책·기술 · 소득 등의 개선이 31.7%를 설명하는 것으로 분석하였다. 이는 향후 급격한 인구고령화가 진행되면 의료비도 빠르게 증가할 수 있음을 시사한다. 또한 동일 연구에서는 만약 물가, 정책, 기술, 소득 등 다른 조건은 현재와 동일하고 인구고령화에 따라

|그림 8| **건강보험 요양급여비 증가 추이와 요인별 기여**

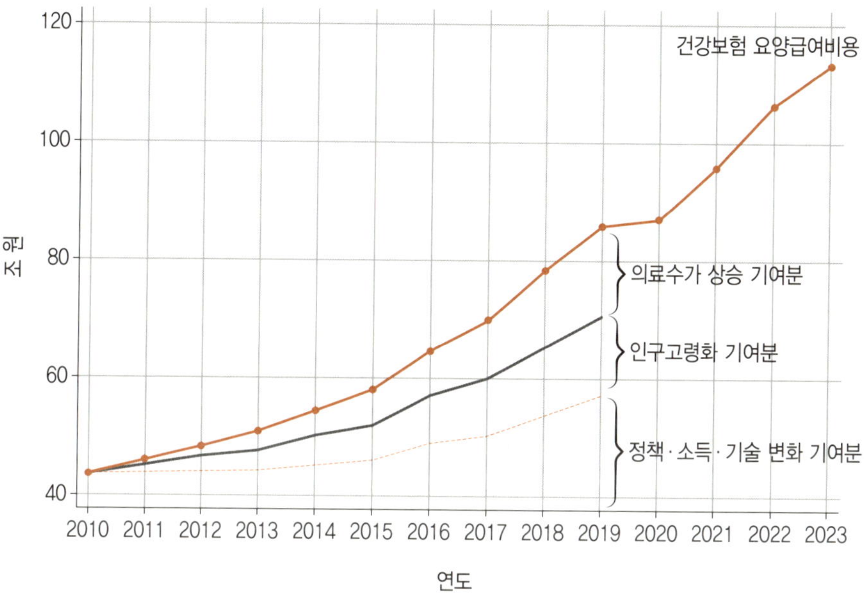

주: 요인별 기여분 분석은 코로나19 발생 이전인 2010~2019년에 한해 분석한 결과임.
자료: 건강보험 요양급여비용–건강보험심사평가원 각 연도, 「진료비통계지표」; 요인별 기여분–홍석철·최윤지 (2021).

인구 연령 구조만 바뀐다면 2023년 기준 건강보험 진료비 중 44%에 달하는 고령인구의 진료비 비중은 10년 후에는 60%에 육박할 것으로 전망하였다.

고령인구의 급격한 증가는 의료비 지출뿐만 아니라 노인 돌봄과 관련한 다양한 사회보장 지출 증가를 초래한다. 한국의 노인장기요양보험은 고령화 사회에서 증가하는 노인들의 돌봄 수요를 충족시키고, 가족의 돌봄 부담을 완화하고, 노후의 삶의 질을 증진시키기 위해 2008년에 도입된 사회보험제도이다. 노인장기요양 서비스는 크게 재가 급여 서비스와 시설 급여 서비스로 구분되며, 건강보험료의 일정 비율(현재 약 12%)을 추가로 납부하여 재원을 마련하고 있으며, 2023년 기준 노인장기요양보험 지출 규모는 13조 6,966억 원으로 집계되었다. 2023년 말 기준 노인장기요양보험 인정자 수는 약 110만 명이지만, 향후 인구고령화 속도에 비례하여 인정자 수와 노인장기요양보험 지출도 빠르게 증가할 것으로 예상된다.

결국 초고령 사회가 직면하게 될 가장 시급한 문제는 노인장기요양보험을 포함한 건강보험 재정의 지속 가능성 문제이다. 국회예산정책처의 추계에 따르면, 건강보험의 누적 준비금은 2023년 약 25조 원 규모로 쌓여 있지만 2028년에 소진할 것으로 전망하고 있으며(임슬기 2023), 노인장기요양보험의 2023년 누적 준비금은 3조 9,000억 원이지만 2031년부터 누적 적자로 돌아설 것으로 전망하였다(박선아 2023). 우리나라의 건강보험과 노인장기요양보험 수입 중 일부는 국가 재정 지원으로 충당하고 있지만 기본적으로 건강보험 가입자가 납부한 보험료를 수급자(의료·요양 이용자)에게 지출하는 방식인 부과 방식(pay-as-you-go) 체계에 기반하고 있다. 보험료를 지불하는 주요 계층인 생산연령인구가 급증하는 고령인구 대비 빠르게 줄어들고 있어 미래 세대의 의료·요양 지출 부담은 크게 증가할 것으로 전망된다.

건강보험 지속 가능성

주요 선진국의 고령인구 수준은 한국보다 높아서 인구고령화에 따른 의료비 재정의 지속 가능성 문제는 오래전부터 제기되었고, 의료비 관리를 위한 다양한 정책 수단을 도입하고 효과를 분석해 오고 있다. 의료비 재정의 지속 가능성을 유지하기 위해서는 안정적인 보험료 수입을 마련하거나 의료 지출을 효율화하여 의료비 급증을 완화하는 것이 기본 방향이다. 이때 안정적인 수입을 도모하는 것은 보험료 또는 관련 세금을 인상하거나 부과 대상 확대가 필요하므로 세대·계층 갈등 조정과 정치적 해법이 중요하다. 따라서 학술적 관점에서는 의료 지출의 효율적 관리 방안에 관한 연구가 주를 이루고 있다.

진료비 지불제도(provider payment system) 개선은 의료 지출 효율화를 위한 대표적인 정책 대안으로 논의되어 왔다. 진료비 지불제도는 의료 제공자(병원, 의사 등)가 환자에게 제공한 진료와 치료 서비스에 대한 비용을 청구하는 방식을 말한다. 우리나라의 진료비 지불제도는 행위별 수가제(fee-for-service)• 에 기반하고 있다. 행위별 수가제하에서는 제공되는 의료 서비스가 많을수록 병원과 의사의 수익이 증가하기 때문에, 오래전부터 경제학자들은 행위별 수가제의 적용을 받은 의사들은 일반적으로 더 많은 양의 의료 서비스를 제공할 유인이 크다는 것을 이론적, 실증적으로 밝혀 왔다(Woodward and Warren-Boulton 1984).

행위별 수가제: 의료 제공자가 제공한 진료행위마다 가격을 책정하여 진료비를 지급하는 방식의 지불제도이다.

또한 우리나라처럼 국민건강보험 체계가 잘 갖추어져 있는 경우에는 행위별 수가제는 환자가 불필요한 검사나 치료를 요구하거나 경미한 질병에도 의료기관을 방문할 가능성을 높이는 단점을 가진다. 물론 행위별 수가제는 의료 서비스의 선택권을 넓히기 때문에 좀 더 양질의 서비스를 제공하고 환자 맞춤형 서비스를 제공할 수 있다는 장점을 가진다. 그럼에도 의료비 지출 증가 요인이 크기 때문에 대안적인 진료비 지불제도들이 주목을 받아 왔다.

대안적인 진료비 지불제도로는 포괄 수가제(bundled payment)•, 총액계약제(global budget)•, 성과 기반 지불제(pay-for-performance)• 등이 대표적이다. 각각은 지불 방식이 다르지만 모두 의료비를 통제하고 관리하는 것을 목표로 한다.

포괄 수가제: 환자가 특정 질병의 진료를 위해 의료 이용을 하였는지 여부에 따라 질병군별로 미리 책정된 진료비를 지급하는 방식의 지불제도이다. 진단명 기준 환자군(diagnosis-related group: DRG) 형태의 지불제도로 운영된다.

총액계약제: 일정 기간 동안 의료기관 전체에 고정된 의료비 예산을 할당하는 방식의 지불제도이다.

성과 기반 지불제: 진료의 질과 결과에 따라 보상하는 방식의 지불제도이다.

우리나라는 행위별 수가제의 문제점을 보완하기 위해 시범 사업을 거쳐 2012년부터 7개 질병군에 대해 포괄 수가제를 전면 도입하였다. 여러 국가의 포괄 수가제가 의료비 절감에 미치는 영향을 분석한 연구들은 포괄 수가제 도입 이후 해당 질병군에서 의료 이용이 감소하는 경향이 관측되었다(Chen *et al*. 2023). 하지만 일부 공급자의 반응이 포괄 수가제 도입의 영향을 상쇄시키기도 한다. 일본에서 포괄 수가제가 도입되었을 때 포괄 수가제에 포함된 서비스의 의료 이용이 감소하였으나 행위별 수가제에 포함된 서비스의 의료 이용이 증가하는 전이 효과(spillover effect)가 발생하여 의료비 절감 효과가 없었다는 점이 발견되기도 하였다(Fu, Shen, and

Noguchi 2021).

또한 포괄 수가제 도입으로 인해 행위별 수가제로 제공되는 신생아 중환자실 이용의 수익성이 상대적으로 높아지자 신생아의 체중을 더 낮게 기록하여 신생아 중환자실 서비스를 제공하는, 일명 업코딩(upcoding)• 현상이 발생하기도 하였다(Shigeoka and Fushimi 2014). 준실험적 방법을 이용하여 한국의 포괄 수가제 도입 효과를 분석한 최숙자·권순만(2016)의 연구에서는 전반적으로 재원 일수의 감소 효과가 있는 것으로 추정하기도 하였으나, 의료 이용 감소 효과에 비해 의료비 절감에 효과적이었는지는 아직 결론을 내리기에 충분한 연구 결과가 없는 실정이다.

업코딩: 의료 제공자가 경증 질환을 중증 질환으로 청구하는 등 실제보다 더 비싼 진료 코드를 청구하는 현상을 일컫는다.

한편, 대만은 2002년부터 총액계약제를 도입하여 의료비 지출을 효과적으로 통제하고 있으며, 총액계약제 도입 이후 연평균 의료비 지출 증가율인 이전의 6~9%에서 3%대로 현저히 감소한 것으로 알려져 있다. 최근 연구들은 의료비 증가 억제뿐만 아니라 병원의 자원 배분 효율성 개선에도 기여하였다는 평가를 내리고 있다(Yang *et al*. 2021). 아직 한국은 포괄 수가제 도입 이후 진료비 지불제도 개편에 대해 이렇다 할 논의가 이루어지지 않고 있으나 향후 건강보험 재정의 지속 가능성 문제가 커지면 개편 논의가 본격화될 것으로 예상된다.

의료비 지출 효율화의 다른 핵심 방안은 공급 확대에서 찾을 수 있다. 의료 공급 확대는 급격한 인구고령화로 의료 수요가 급증하는 상황에서 의료 가격의 상승을 억제하는 효과적인 방법 중 하나이다. 경제학의 수요(demand)－공급(supply) 원칙●에 따르면, 서비스의 수요가 증가할 때 공급이 제한적이면 높아진 수요를 충족시키지 못할 뿐만 아니라 서비스의 시장 가격이 높아져 수요자의 부담과 지출이 증가하게 된다. 이때 높아진 수요를 충족하도록 공급을 확대한다면 시장 가격의 상승을 억제할 수 있다. 하지만 수요와 공급이 모두 확대된 시장에서는 총의료 이용량은 증가할 수 있다. 수요 증가에 의한 가격과 의료 이용량의 증가와 이후의 공급 확대에 의한 가격 하락과 추가적인 의료 이용량 증가 중 어느 쪽이 총의료비 지출을 더 확대하는지는 공급 증가로 인한 가격 하락의 크기에 따라 결정된다.

이때 공급 확대●의 가장 직관적인 방법은 의료 서비스 제공자(즉, 의사) 규모 확대이다. 지난 2024

수요와 공급: 재화 또는 서비스 시장에서 가격과 수량이 결정되는 원리를 설명하는 경제학의 기본 개념으로서 시장의 작동 방식을 설명하기 위해 사용된다. 수요란 소비자가 얼마나 특정 재화나 서비스를 구매할 의향이 있는지를 나타내며, 공급이란 공급자가 특정 재화나 서비스를 얼마나 생산할 의향이 있는지를 나타낸다. 다른 조건이 동일할 때 가격이 상승하면 수요량은 감소하고 공급량은 증가한다.

의료 공급 확대: 공급 확대 방안은 단순히 의사 수의 증가만을 의미하지는 않는다. 의료 기술의 진보를 통한 의료 생산의 한계비용을 낮추는 방안도 의료 공급을 확대하게 된다.

년 정부의 의대 정원• 확대 계획 발표는 우리 사회에 큰 갈등을 촉발하였다. 의대 증원은 필수 의료 분야의 의사 수 부족과 지역의 의료 격차 문제 해소를 위해 추진되었지만, 의사 수를 늘리는 것보다 합리적 의료 시스템 구축이 먼저라는 주장을 앞세운 의료계의 반발에 부딪히면서 전공의 이탈, 의대생 수업 거부 등으로 인해 국민의 의료접근성이 위협받는 문제로까지 이어졌다.

의대 정원: 한국의 의대 정원은 2000년까지 3,507명이었으나, 2000년 의약 분업에 따른 갈등 해소를 위해 의대 정원 감축에 타협하여 2006년부터 2024년까지 3,058명을 유지하게 되었다.

의료 서비스는 국민 건강과 직결되기 때문에 서비스의 질 관리가 매우 중요하다. 누가 좋은 의사인지를 구분할 수 없는 정보 비대칭 문제가 존재한다면 국민 건강도 위협받을 수 있기 때문에 전 세계 대부분 국가는 일정 교육을 받은 의료 전문가에게만 의료 행위를 허용하는 면허제도를 운영하고 있다. 하지만 경직적인 면허제도는 인구고령화 등 사회·경제 환경 변화에 맞추어 의사 수 확대가 필요한 경우에는 공급을 제한하는 수단이 될 수 있다는 교훈을 준다.

좀 더 설득력 있고 효과적인 의사 수 조정 정책을 펼치기 위해서는 급격한 인구고령화로 인해 미래 의사 수가 부족할 것이란 전망만으로는 충분하지 않아 보인다. 건강보험 등 보건의료 시스템을 어떻게 구축하느냐에 따라 필요한 의사 수 추계가 달라질 수 있기 때문이다. 앞서 논의한 것처럼 현재 한국의 의료 서비스 시장은 도덕적 해이, 유인 수요 등의 문제가 크고 행위별 수가제도에 기반하고 있어 의료 이용과 지출이 적정 수준을 넘어서고 있다. 의대 정원 확대 논의에서도 의사가 늘어난 공급에 맞추어 유인 수요를 발생시켜 가격 하락 없이 의료 이용량을 증가시키는 시장 실패가 발생할 수 있다는 우려가 존재하기도 하였다.

따라서 미래 필요 의사 수는 앞으로 의료 서비스 시장의 비효율 문제를 어떻게 대응하고 적정 수준의 의료 이용을 유도하느냐에 따라 결정될 것이다. 사전적 건강 관리를 통해 만성질환 유병 확률을 낮추고 의료 기술이 더 진보하여 의사 기능 일부를 대체할 수 있다면 미래 전망은 크게 달라질 수 있다. 또한 미시적인 관점에서 의대를 선택하고 전문 분야를 선택하는 등 의사가 되는 일련의 과정에 대한 이해도 중요하다. 그간의 경제학 연구들은 진료과목 등의 선택에 있어 미래 기대 소득을 중요한 요인으로 분석하고 있지만, 그에 못지않게 조절할 수 있는 생활 방식 등도 중요한 요인으로 연구되어 왔다는 점은 필수 의료 분야 및 지역 의사 부족 문제 해결에 주는 시사점이 크다(Thornton and Esposto 2003; Harris *et al*. 2013; Kim *et al*. 2016).

연명의료: 환자의 생명을 연장하기 위한 의료행위 중, 회복 가능성이 없고 죽음을 앞둔 생활에서 제공되는 의학적 시술을 말한다. 임종 과정의 환자에게 시행되는 심폐소생술(CPR), 인공호흡기 착용, 혈액 투석 등이 대표적인 연명의료이다.

연명의료• 결정도 의료비 지출 효율화 방안으로 논의되고 있다. 개인의 생애에서 의료 지출은 사망 전 1년에서부터 사망이 임박할수록 빠르게 증가한다. 박경선 외(2020)의 건강보험연구원의 분석에 따르면, 2018년 기준 고령자가 사망 전 1년간 지출하는 의료비가 같은 연령 생존자의 의료비보다 약 10배 이상 높은 것으로 관측되었다. 특히, 사망 전 3개월에 사망 전 1년 동안 지출한 의료비의 50% 이상을 지출하고, 사망 1개월 전 연명의료로 인한 비용은 진료비의 12.5%를 차지하는 것으로 분석하였다.

또한 심사평가원 데이터를 활용하여 2016~2019년 사이 한국의 65세 이상 암 환자 중 중환자실을 이용한 적이 있는 사람의 의료비를 분석한 연구에서도 사망 직전 1년 동안의 의료비가 약 4,000만 원으로 추정되며, 이 중 33.8%가 마지막 1개월 동안, 62.6%가 마지막 3개월 동안 발생하였음이 발견되었다(Lee *et al*. 2021; Jo *et al*. 2023). 이때 제공받는 의료 서비스의 많은 부분은 치료 효과가 미흡한 임종과정의 기간만을 연장하는 연명의료가 포함된다. 연명의료로 인한 과도한 의료비 지출을 방지하는 한편, 환자의 존엄한 죽음을 보장하기 위해 호스피스 또는 완화의료 진입을 통한 연명의료 결정이 논의되어 왔다.

한국에서는 연명의료 결정법으로도 불리는 「호스피스·완화의료 및 임종과정에 있는 환자의 연명의료 결정에 관한 법률」이 2018년부터 시행되어, 사전에 연명의료 결정을 진행하는 사전연명의료의향서 등록이 시작되고 완화의료에 대한 논의가 진행되고 있으나 짧은 시행 주기로 인해 환자의 삶의 질과 의료비 절감 효과에 대한 평가는 부족한 실정이다.

사전적 또는 예방적 건강 관리도 국민 건강을 증진하고 의료비를 효율적으로 관리하기 위한 수단으로 주목받는 방안이다. 사전 건강 관리는 질병이 발생하기 전에 이를 예방하거나 조기에 발견하여 건강을 유지하는 데 목적을 둔다. 특히, 앞서 논의한 것처럼 점차 비만, 흡연, 음주 등 건강 행태 악화로 만성질환의 위험이 커지고 인구고령화로 만성질환 노출 확률이 높아짐에 따라 예방적 건강 관리가 중요해지고 있다. 전 세계적으로 추진된 디지털 기술을 이용한 건강 관리•의 효과는 매우 큰 것으로 연구된 바 있으며(Howarth *et al.* 2018), 스마트 헬스케어 서비스를 활용한 만성질환 관리가 의료비 절감 효과에 대한 국내 실증연구도 최근 늘어가고 있다(정윤·이견직 2019).

디지털 헬스케어: 정보통신기술(ICT), 인공지능(AI), 빅데이터, 사물인터넷(IoT) 등 첨단 디지털 기술을 활용하여 개인의 건강을 관리하고, 진단·치료·예방 등 의료 서비스의 전 과정을 혁신하는 융합형 의료 패러다임이다.

이렇게 디지털 기술이 건강 관리 및 의료 시스템의 효율화에 기여하는 것은 의료 정보 빅데이터 활용 가능성이 확산됨에 따라 인공지능 기술의 진보에 힘입어 질환 예측 및 진단의 정확도가 높아지고 있기 때문이다(홍석철 외 2023). 이런 기술의 확대는 환자 맞춤형 서비스로 이어져 불필요한 의료 자원과 지출의 낭비를 줄이는 데 기여할 것이다. 또한 디지털 기술의 장점인 연속성과 신속성이 시공간의 장벽을 낮추고 개인의 편의성을 높일 것으로 기대된다. 특히, 시공간 장벽을 낮추는 비대면 진료와 같은 디지털 기술은 거동이 불편한 고령자들의 의료접근성을 확대하면서 초고령 사회 대응에도 적극 활용될 전망이다.

미래 감염병 위기

끝으로 21세기 한국은 초고령 사회에 진입하면서 건강보험 재정의 지속 가능성 문제가 중요해지고 있지만, 한편으로는 빈번하게 돌아오고 있는 유해 질병에 대한 대응도 중요해지고 있다. 특히, 2020년부터 3년간 경험하였던 코로나19 팬데믹은 21세기에도 유해 질병의 예방과 퇴치가 여전히 중요하다는 교훈을 주고 있다.

앞서 살펴본 것처럼 한국의 주요 감염성 질병의 발병률은 1960~1970년대 이후 빠르게 감소하여 1990년대부터는 질병 퇴치에 가까울 정도로 사라지게 된다. 그러나 그림 9에서 볼 수 있듯이 과거 유행하였던 감염병들이 2000년 이후 다시 발생하기 시작하였고 그 빈도도 잦아지는 경향이 보인다. 법정 감염병 발생률은 1970년 인구 10만 명당 94.9명, 1980년 21.5명, 1990년 14.6명까지 낮아졌으나, 이후 2000년 93.9명, 2010년 192.4명으로 크게 증가하였다(질병관리청 2024). 홍역, 수두, 성홍열 등 백신 접종과 개인위생 강화로 사라졌던 감염병들이 재유행하였고, 결핵 발병률은 1990년까지 빠

|그림 9| 법정 감염병 발병률 추이

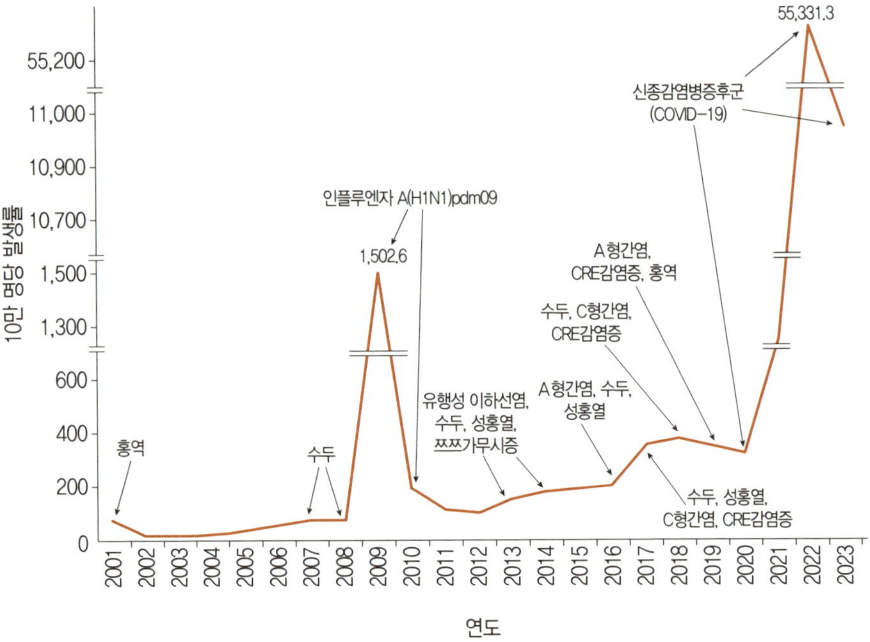

자료: 질병관리청(2024), 「2023 감염병 신고 현황 연보」

르게 개선되었지만 2000년대 이후에는 정체를 보이면서 현재는 OECD 회원국 중 가장 높은 발병률을 기록하고 있다. 또한 2009년 신종플루, 2015년 메르스, 2020년 코로나19 등 신종인플루엔자 바이러스의 빈번한 출현도 주목할 특징이다.

특히, 2020년 전 세계를 강타한 코로나19가 초래한 인적·물적 피해는 막대하였다. 전 세계적으로 약 7억 7,500만 명이 코로나19에 감염되었고, 사망자 수도 약 700만 명에 이른다. 한국의 경우에도 확진자 3,450만 명, 사망자 3만 5,605명으로 코로나19에 따른 인적 피해를 피하지 못하였다. 또한 코로나19의 확산을 막기 위해 실시된 고강도 방역 정책은 대면 소비와 경제 활동을 억제하면서 막대한 경제적 피해를 초래하였다. 코로나19 팬데믹 이전에 발생하였던 대규모 팬데믹으로 1918년 스페인 독감을 들 수 있지만, 100년 사이 전 세계 경제의 상호 의존성이 매우 커졌기 때문에 코로나19의 경제적 피해에 대응하는 과정에서 경제적 파급 영향은 전 세계적으로 퍼져 나갔다. 다시 말해, 현대 사회에서 감염병 위기는 사회경제적 위기로 이어진다는 사실을 보여 준 값비싼 경험이었다.

또한 이러한 경험은 감염병은 완전 종식이 어렵고 감염병 발생에 유리한 환경이 조성되면 언제든 재유행하거나 신종 바이러스가 출몰할 수 있다는 시사점을 던져 준다. 특히, 최근 신종인플루엔자의 빈번한 등장은 산업화 및 도시화와 밀접하게 관련된다. 산업화와 도시화가 전 세계적으로 심화하면서 급증하는 육류 수요에 맞추기 위해 가축 사육에서 밀집식 대량 생산 방식이 적용되었다. 그 과정에서 다양한 신종인플루엔자 변이 바이러스와 감염병 발생 가능성이 높아지고 있다. 또한 과거에 비해 경제 활동이 더 활발해지고 국가 간 교류가 빈번해지면서 인플루엔자의 감염과 전파 가능성이 높아진 것도 주요한 배경이다.

산업화와 도시화의 심화로 질병 환경은 빠르게 변모하고 있지만, 과거에 적극적으로 의존했던 개인위생 강화의 효과는 여전히 유효하다. 물론 시간이 지남에 따라 의료 기술이 발전하면서 감염병 예방 백신과 치료제 개발이 가능해지고 있지만, 아직 백신과 치료제가 없는 감염병 위기 초기에 감염병 확산을 막고 스스로 보호하기 위해서는 마스크 착용, 손 씻기, 그리고 거리두기 등 개인위생 및 방역이 중요하다는 사실은 최근 일련의 신종인플루엔자 대응 과정에서 여실히 증명되었다.

Hong *et al*.(2023)의 연구에서는 2009년 신종플루• 유행 전후 관측되는 개인의 의료 이용 변화를 분석하여 개인위생의 중요성을 강조하고 있다. 연구에서는 사고와 부상과 같은 비교적 외생적인 원인에 의한 건강 문제를 대조군으로, 그리고 눈병과

2009년 신종플루: 2009년 전 세계적으로 대유행을 일으킨 신종인플루엔자 바이러스에 의한 감염병이다. 국내에서는 약 76만 명의 환자와 263명의 사망자가 발생하였다.

장염 등 감염성 질환을 실험군으로 설정하여, 두 유형의 건강 문제로 인한 의료 이용이 신종플루 유행 기간과 그 전후에 얼마나 달라졌는지를 분석하였다. 분석 결과, 부상은 신종플루의 영향을 거의 받지 않았지만, 감염성 질환에 따른 의료 이용의 큰 감소가 추정되었다. 특히, 이런 변화는 영유아와 고령층에서 더 크게 분석되었는데, 연구에서는 신종플루 유행 기간에 펼쳐진 적극적인 개인위생 강화 캠페인을 중요한 배경으로 들고 있다. 위생 강화 캠페인이 적극적으로 시행되고 실천되면서 면역력이 취약한 영유아와 고령층이 신종플루뿐만 아니라 다른 감염성 질환들도 예방되었다는 것이다.

이 같은 현상은 코로나19 대유행 기간에도 유사하게 관측된다. 건강보험공단의 국민 의료 이용 통계를 분석해 보면, 코로나19가 유행하여 고강도의 방역과 거리두기 정책이 시행되었던 2020년 3~12월의 외래내원일수, 입원일수, 응급실 이용은 전년 동기 대비 각각 15.7%, 6.5%, 26.1%가 감소하였다. 국민건강보험 재정은 2020년에 약 2.7조 원의 적자가 예상되었으나 의료 이용의 감소로 적자 폭이 2.4조 원가량 줄어들었다. 이렇게 코로나19 대유행기에 의료 이용이 크게 감소한 주요 원인 중 하나는 개인위생 강화와 거리두기 정책의 영향으로 다양한 감염성 질환이 줄어든 결과로 판단된다. 그러나 코로나19 감염병 위험을 회피하기 위해 시급하지 않은 의료 이용을 줄인 결과도 혼재된 것으로 보인다.

한편, 코로나19 유행기에 강화된 거리두기 정책과 코로나 위험 증가의 영향으로 개인의 건강 행태가 바뀌고 건강 수준이 낮아진 점도 관측된다. 국민건강영양조사 자료를 분석한 Yang *et al.*(2022)의 연구에 따르면, 코로나19 대유행 이후 신체 활동 감소로 인해 비만율의 오즈비(odds ratio)• 가 1.29배 상승하였음을 보였다. 또한 코로나19 유행기에 전반적으로 의료 이용이 감소하였음에도 우울증 환자 수는 여성을 중심으로 크게 증가한 것이 관측되었다(Cha *et al.* 2022). 역시 사회적 거리두기 강화로 인한 사회적 관계 단절과 사회 고립의 영향으로 판단된다.

앞서 제2장에서 소개한 생애 초기 가설을 다룬 선행 연구들은 태아기 등 생애 초기에 1918년 스페인 독감과 같은 유해 질병의 환경에 노출되었을 때

오즈비: 어떤 사건이 일어날 확률(p)을 일어나지 않을 확률(1−p)로 나눈 값이다. 주로 의학 연구에서 위험 인자와 질병 발생 간의 연관성을 측정할 때 사용한다.

생애주기에 걸쳐 발생하는 건강과 인적자본 형성에 미친 부정적인 영향을 밝혀왔다. 그런데 역사적 경험과는 달리 지금은 예방과 치료를 위한 지식과 기술 수준이 높아졌기 때문에 기존 연구에서 주목한 경로를 통해 생애주기 인적자본 형성에 영향을 미쳤을 가능성은 크지 않다.

하지만 최첨단의 의료 기술을 갖춘 현대 사회에서도 생애 초기 질병 노출의 영향은 다양한 경로를 통해 발생할 가능성이 여전히 크다. 대표적으로 코로나19가 태아, 영유아 그리고 청소년에 미치는 역학 측면의 직접적인 영향은 미약하지만, 거리두기 정책에 따라 학교 수업 방식의 변화로 인한 인적자본 형성에 간접적으로 영향을 미친 것으로 연구되어 왔다. 특히, 최신 연구들은 감염병 위기 발생 이후 계층 간의 교육 격차 심화를 일관되게 분석하였다(임수현·정은선 2021; 김경근 외 2022). 학업 성취도의 편차가 발생하는 주된 요인은 코로나19 대유행에 따라 등교 제한 및 비대면 수업 방식의 확대 이후 학생의 수업 관리 및 생활 관리의 역할이 학교에서 가정으로 넘어가면서, 가정 환경이 학업 성취에 미치는 영향이 이전보다 더 증가하였기 때문이다.

사회 이동성: 개인이 나 집단이 사회적 지위나 계층, 경제적 위치 등을 이동하는 현상을 말한다.

계층에 따른 교육 격차 문제를 해소하지 못하면 중장기적으로 사회 이동성(social mobility) 저하와 경제적 불평등의 심화가 예상된다.

코로나19를 비롯해 최근 빈번하게 발생하는 감염병 위기들은 다시금 질병 예방의 중요성을 일깨워 주었다. 역사적 경험은 질병 예방이 비용-편익 관점에서 효율적임을 보여 주었다. 과거와 지금의 감염병 위기의 공통점은 막대한 인적 피해를 초래할 수 있다는 점이며, 차이점은 현대 사회의 경제활동과 교류 규모가 크기 때문에 감염병 확산을 막기 위한 고강도 방역과 사회적 거리두기로 인한 사회경제적 피해도 막대하게 발생할 수 있다는 점이다. 그만큼 감염병 발생을 사전에 예방하고 초기에 차단하는 정책의 편익이 과거보다 더욱 커졌다는 시사점을 준다. 또한 건강보험 재정 건전성을 위한 의료비 지출 효율화 방안으로 지불제도, 공급 확대, 예방적 건강 관리 등을 포함한 다양한 방안에 대한 사회적 논의가 필요한 시점이다.

나가며

지금까지 한국인 건강의 장기적인 추이를 다섯 시기로 구분하고, 시기별로 국민 건강이 직면한 문제들과 이를 해소하기 위한 정책, 그리고 이를 분석한 다양한 경제학 연구를 논의하였다. 또한 유사한 경험을 먼저 거쳐 간 해외 사례와 관련 연구를 함께 소개함으로써 국내 경제학 연구의 전개 과정도 심도 있게 살펴보았다.

한국의 경험은 몇 가지 특징으로 요약할 수 있다. 첫째, 한국의 국민 건강 증진 과정에서 핵심 역할을 하였던 1950~1970년대 질병 퇴치는 20세기 초중반에 선진국의 질병 퇴치 경험과 노하우를 효율적으로 채택하여 단기간에 성공적으로 실천한 결과이다. 이러한 경험은 질병 퇴치를 위해 고군분투하고 있는 많은 개발도상국에 주는 시사점이 크다.

둘째, 한국이 1980년대 이후 기대수명을 빠르게 끌어올리고 만성질환 관리에서 주목할 성과를 거둔 것은 국민건강보험제도의 성공적인 정착과 첨단 의료 기술과 인프라 구축 투자의 결과이다.

마지막으로, 이러한 모범적인 경험에도 불구하고 최근 한국은 다양한 보건의료 문제에 직면해 있다. 급격한 인구고령화와 건강 행태의 악화는 만성질환 발병률을 높이고 의료 이용과 비용을 증가시키고 있다. 이로 인해 점차 국민 의료비 지출의 지속 가능성 문제가 커지고 있으며, 기존 감염병의 재유행과 신종 감염병의 빈번한 등장도 국민 건강을 위협하고 있다. 따라서 이 문제들을 어떻게 극복하는지가 향후 국민 건강 증진의 핵심이 될 전망이다.

그동안 국내 연구들은 위와 같은 특징들을 이론적·실증적으로 규명하는 데 기여해 왔다. 앞으로는 기존 연구를 더 심화하고, 특히 국민 건강 결정 요인의 인과적 관계를 규명하는 데 집중할 필요가 있어 보인다. 이는 향후 국민 건강 증진의 방안을 모색하기 위한 중요한 학술적 근거가 되어 줄 것이다.

참고문헌

국민건강보험공단·건강보험심사평가원, 「건강보험통계」, 각 연도.

김경근·신재휘·임혜정(2022), 「코로나19를 전후한 고등학생 수학 성취도 변화: 실태 및 영향요인」, 『교육과정평가연구』 25(4), 63~88.

김낙년(2007), 「'식민지 근대화' 재론」, 『경제사학』 43, 155~188.

김범·조영민·고길곤(2022), 「담배소비세 인상 정책에 따른 흡연 감소 효과는 일시적인가?」, 『한국사회와 행정연구』 32(4), 41~61.

김새롬·오정원·윤정원(2023), 「한국의 분만 방법 추세와 제왕절개 분만율 감소 개입에 대한 서술적 고찰」, 『한국모자보건학회지』 27(1), 1~13.

김지혜(2017), 「건강보험 본인부담금 면제 정책 효과성 분석: 6세 미만 아동 입원을 중심으로」, 『응용경제』 19(2), 5~39.

내무부 통계국(1955), 『대한민국 통계연감』, 212~213.

박경선 외(2020), 『노인의료비 중장기 재정전망 및 요인분석』, 국민건강보험공단 건강보험연구원.

박선아(2023), 『2023~2032년 노인장기요양보험 재정전망』, 국회예산정책처.

박혜정(2010), 「6세 미만 아동의 입원 본인부담금 면제 후 10% 부과가 의료 이용량에 미치는 영향: 급성 호흡기 감염증 및 암 상병을 대상으로」, 연세대학교 석사학위논문.

신민경(2009), 「MRI 서비스 청구 자료를 중심으로 한 공급자 유인 수요 실증분석」, 연세대학교 석사학위논문.

이철희(2003), 「건강이 경제적 지위에 미친 영향: 미국 남북전쟁 참전 북군병사들의 경험」, 『경제사학』 35, 167~195.

이철희·김태훈(2011), 「경기침체는 건강에 이로운가? 1991년~2009년 한국의 실업률과 사망률」, 『한국경제의 분석』 17(3), 131~192.

임수현·정은성(2021), 「코로나19 기점으로 나타난 초등학교 4, 6학년 수학 학업성취도 변화 분석」, 『한국초등교육』 32(3), 249~266.

임슬기(2023), 『2023~2032년 건강보험 재정전망』, 국회예산정책처.

정윤·이견직(2019), 「동적 시뮬레이션 접근을 통한 만성질환 관리의 스마트 헬스케어 효과성 연구: 강원도를 중심으로」, 『보건사회연구』 39(4), 396~424.

조영준(2016), 「'일제감시대상 인물카드'를 활용한 身長 연구의 재검토: 자료의 비판적 이해와 가공 문제를 중심으로」, 『경제사학』 40(1), 75~97.

조영준·차명수(2012), 「조선 중·후기의 신장 추세, 1547-1882」, 『경제사학』 53, 3~37.

질병관리청(2024), 「2023 감염병 신고 현황 연보」.

최숙자·권순만(2016), 「준실험적 방법을 이용한 DRG지불제도 참여효과」, 『보건경제와 정책연구』 22(3), 1~31.

통계청, 「사망원인통계」, 2022, 2023.10.09, 사망원인(237항목)/성/연령(5세)별 사망자수, 사망률.

______, 「인구동향조사」, 2022, 2023.10.09, 시군구/성/연령(5세)별 주민등록연앙인구.

한국보건의료연구원·국민건강보험공단·연세대학교(2014), 「국가 일반건강검진의 사망률과 의료비 지출에 대한 영향 분석」, 연구보고서.

홍석철(2013), 「생활 수준 연구의 경제사적 조망」, 『경제사학』 55, 137~173.

______(2018), 「건강」, 김낙년 외 편, 『한국의 장기통계』 I, 해남.

______(2021), 「건강 증진을 위한 행태경제학의 응용」, 오주환 외 옮김, 『사회역학』(제2판), 한울아카데미.

홍석철·김경익·남희(2010), 「한국의 단기경기변동과 국민건강지표의 변화, 1983-2008」, 『보건경제와 정책연구』 16(1), 111~137.

홍석철·이상연·김세현·전성현(2023), 「국민건강보험 빅데이터를 활용한 미래 질병부담 및 의료비 추정 연구」, 『경제학연구』 71(2), 5~55.

홍석철·이호준(2014), 「응급의료시설의 경제적 가치 추정」, 『KDI Journal of Economic Policy』 36(4), 103~133.

홍석철·최윤지(2021), 「인구고령화와 국민건강추이」, 서울대 금융경제연구원 워크숍 발표자료.

황인욱·이태진(2020), 「기초연금 인상이 노인의 삶의 만족도에 미치는 영향」, 『보건사회연구』 40(3), 178~215.

황인혁(2018), 「질병 환경과 영양 접근성이 조선인의 신장에 미친 영향 분석」, 『경제사학』 42(2), 197~225.

Almond, D.(2006), "Is the 1918 Influenza Pandemic Over? Long-Term Effects of In Utero Influenza Exposure in the Post-1940 U.S. Population," *Journal of Political Economy*, 114(4), 672~712.

Almond, D. and J. Currie(2011), "Killing Me Softly: The Fetal Origins Hypothesis," *Journal of Economic Perspectives*, 25(3), 153~172.

Baicker, K. and D. Goldman(2011), "Patient Cost-Sharing and Healthcare Spending Growth," *Journal of Economic Perspectives*, 25(2), 47~68.

Baicker, K., S. Mullainathan, and J. Schwartzstein(2015), "Behavioral Hazard in Health Insurance," *Quarterly Journal of Economics*, 130(4), 1623~1667.

Barker, D. J. P.(1992), *Fetal and Infant Origins of Adult Disease*, London: BMJ Publishing Group.

Beach, B., R. Brown, J. Ferrie, M. Saavedra, and D. Thomas(2022), "Reevaluating the Long-Term Impact of In Utero Exposure to the 1918 Influenza Pandemic," *Journal of Political Economy*, 130, 1963~1990.

Bleakley, H.(2007), "Disease and Development: Evidence from Hookworm Eradication in the American South," *Quarterly Journal of Economics*, 122(1), 73~117.

Bodenhorn, H., T. W. Guinnane, and T. A. Mroz(2017), "Sample-selection Biases and the Industrialization Puzzle," *The Journal of Economic History*, 77(1), 171~207.

Brot-Goldberg, Z. C., A. Chandra, B. R. Handel, and J. T. Kolstad(2017), "What Does a Deductible Do? The Impact of Cost-Sharing on Health Care Prices, Quantities, and Spending Dynamics," *Quarterly Journal of Economics*, 132(3), 1261~1318.

Buchmueller, T. C. and C. Carey(2018), "The Effect of Prescription Drug Monitoring Programs on Opioid Utilization in Medicare," *American Economic Journal: Economic Policy*, 10(1), 77~112.

Calle, E. E. and R. Kaaks(2004), "Overweight, Obesity and Cancer: Epidemiological Evidence and Proposed Mechanisms," *Nature Reviews Cancer*, 4(8), 579~591.

Carpenter, C. S., D. D. Kloska, P. O'Malley, and L. Johnston(2007), "Alcohol Control Policies and Youth Alcohol Consumption: Evidence from 28 Years of Monitoring the Future," *BE Journal of Economic Analysis & Policy*, 7(1), 1935~1682.

Carter, S. B., S. S. Gartner, M. R. Haines, L. O. Alan, S. Richard, and W. Gavin(2006), *Historical Statistics of the United States, Volume Five: Governance and International Relations*, New York: Cambridge University Press.

Cawley, J.(2015), "An Cconomy of Scales: A Selective Review of Obesity's Economic Causes, Consequences, and Solutions," *Journal of Health Economics*, 43, 244~268.

CDC(1999), "Achievements in Public Health, 1900-1999: Control of Infectious Diseases," *Morbidity and Mortality Weekly Report*, 48(29), 621~629.

Cha, W. T., H. J. Joo, Y. S. Park, E. C. Park, and S. Y. Kim(2022), "Depression before and during-COVID-19 by Gender in the Korean Population," *International Journal of Environmental Research and Public Health*, 19, 34~77.

Chaloupka, F. J., L. M. Powell, and J. F. Chriqui(2011), "Sugar-Sweetened Beverages and Obesity: The Potential Impact of Public Policies," *Journal of Policy Analysis and Management*, 30(3), 645~655.

Chandra, A., E. Flack, and Z. Obermeyer(2024), "The Health Costs of Cost Sharing," *Quarterly Journal of Economics*, 139(4), 2037~2082.

Chen, Y. J., X. Y. Zhang, J. Q. Yan, Xue-Tang, M. C. Qian, and X. H. Ying(2023), "Impact of Diagnosis-Related Groups on Inpatient Quality of Health Care: A Systematic Review and Meta-Analysis," *INQUIRY: The Journal of Health Care Organization, Provision, and Financing*, 60, 1~16.

Choi, S. and D. Schwekendiek(2009), "The Biological Standard of Living in Colonial Korea, 1910-1945," *Economics & Human Biology*, 7(2), 259~264.

Choi, Y.(2025), "Does $1 Matter? Healthcare Demand Response to a Small

Copayment," Working Paper.

Chriqui, J. F., S. S. Eidson, H. Bates, S. Kowalczyk, and F. J. Chaloupka(2008), "State Sales Tax Rates for Soft Drinks and Snacks Sold through Grocery Stores and Vending Machines, 2007," *Journal of Public Health Policy*, 29(2), 226~249.

Cook, P. J. and M. J. Moore(2001), "Environment and Persistence in Youthful Drinking Patterns," in *Risky Behavior among Youths: An Economic Analysis*, University of Chicago Press.

Costa, D.(2009), "Why Were Older Men in the Past in Such Poor Health?," in D. Cutler and D. Wise, eds., *Health in Older Age: The Causes and Consequences of Declining Disability Among the Elderly*, University of Chicago Press.

Cromwell, J. and J. B. Mitchell(1986), "Physician-Induced Demand for Surgery," *Journal of Health Economics*, 5(4), 293~313.

Currie, J. and E. Moretti(2007), "Biology as Destiny? Short-and Long-Run Determinants of Intergenerational Transmission of Birth Weight," *Journal of Labor Economics*, 25(2), 231~264.

Cutler, D. M. and G. Miller(2005), "The Role of Public Health Improvements in Health Advances: The Twentieth-Century United States," *Demography*, 42(1), 1~22.

Cutler, D. M. and R. J. Zeckhauser(2000), "Chapter 11-The Anatomy of Health Insurance," in A. J. Culyer and J. P. Newhouse, eds., *Handbook of Health Economics*, Elsevier.

Dranove, D. and P. Wehner(1994), "Physician-Induced Demand for Childbirths," *Journal of Health Economics*, 13(1), 61~73.

Eckel, R. H.(2003), *Obesity: Mechanisms and Clinical Management*, Lippincott Williams & Wilkins.

Einav, L., A. Finkelstein, and P. Schrimpf(2015), "The Response of Drug Expenditure to Nonlinear Contract Design: Evidence from Medicare Part D," *Quarterly Journal of Economics*, 130(2), 841~899.

Einav, L. and A. Finkelstein(2018), "Moral Hazard in Health Insurance: What We Know and How We Know It," *Journal of the European Economic Association*,

16(4), 957~982.

Feldman, R. and F. Sloan(1988), "Competition among Physicians, Revisited," *Journal of Health Politics, Policy and Law*, 13(2), 239~261.

Fletcher, J. M., D. E. Frisvold, and N. Tefft(2010), "The Effects of Soft Drink Taxes on Child and Adolescent Consumption and Weight Outcomes," *Journal of Public Economics*, 94(11-12), 967~974.

Floud, R. and B. Harris(1997), "Health, Height and Welfare: Britain 1700-1980," in R. Steckel and R. Floud, eds., *Health and Welfare during Industrialization*, University of Chicago Press.

Floud, R., R. Fogel, B. Harris, and S. C. Hong(2011), *The Changing Body: Health, Nutrition, and Human Development in the Western World Since 1700*, Cambridge University Press.

Fogel, R. W. and S. L. Engerman(1974), *Time on the Cross: The Economics of American Negro Slavery*, Boston: Little, Brown and Company.

Fogel, R. W. and L. T. Wimmer(1992), "Early Indicators of Later Work Levels, Disease, and Death," NBER Working Paper No. h0038.

Fu, R., Y. Shen, and H. Noguchi(2021), "The Best of Both Worlds? The Economic Effects of a Hybrid Fee-For-Service and Prospective Payment Reimbursement System," *Health Economics*, 30(3), 505~524.

Fuchs, V. R.(1978), "The Supply of Surgeons and the Demand for Operations," *Journal of Human Resources*, 13, 35~56.

Gallet, C. and J. A. List(2003), "Cigarette Demand: A Meta-Analysis of Elasticities," *Health Economics*, 12(10), 821~835.

Gruber, J. and M. Owings(1996), "Physician Financial Incentives and Cesarean Section Delivery," *RAND Journal of Economics*, 27(1), 99~123.

Gruber, J., J. Kim, and D. Mayzlin(1999), "Physician Fees and Procedure Intensity: the Case of Cesarean Delivery," *Journal of Health Economics*, 18(4), 473~490.

Gruber, J. and B. Koszegi(2001), "Is Addiction "Rational? Theory and Evidence," *Quarterly Journal of Economics*, 116(4), 1261~1303.

Han, S. H. and H. Sohn(2023), "The Short-Term Effects of Fixed Copayment Policy on Elderly Health Spending and Service Utilization: Evidence from South Korea's Age-Based Policy Using Exact Date of Birth," *International Journal of Health Economics and Management*, 23, 255~279.

Harris, J. E., B. G. Lopez-Valcarcel, V. Ortun, and P. Barber(2013), "Specialty Choice in Times of Economic Crisis," *BMJ Open*, 3(2), e002051.

Hong, S. C.(2007), "The Burden of Early Exposure to Malaria in the United States, 1850-1860: Malnutrition and Immune Disorders," *Journal of Economic History*, 67(4), 1001~1035.

______(2013a), "Malaria: An Early Indicator of Later Disease and Work Level," *Journal of Health Economics*, 32(3), 612~632.

______(2013b), "Has the Burden of Obesity Declined in America since 1980?," *Korea and the World Economy*, 14(2), 343~379.

______(2019), "Improvement in Living Standards in the 1960-1970s and Economic Development in Korea," in M. Hosoe, B.-G. Ju, A. Yakita, and K. Hong, eds., *Contemporary Issues in Applied Economics*, Springer.

Hong, S. C. and J. Lee(2015), "People on the Verge of Death: Evidence from Impacts of Celebrity Suicides," *Applied Economics*, 47(7), 710~724.

Hong, S. C. and Y. Yun(2017), "Fetal Exposure to the 1918 Influenza Pandemic in Colonial Korea and Human Capital Development," *Seoul Journal of Economics*, 30(4), 353~383.

______(2022), "Small-Scale Rural Water Supply and Development," Working Paper.

Hong, S. C., E. Lee, and S. Oh(2023), "Unintended Health Benefits of Adopting Preventive Behaviors During A Virus Outbreak," *Health Economics*, 32(2), 324~342.

Howarth, A., J. Quesada, J. Silva, S. Judycki, and P. R. Mills(2018), "The Impact of Digital Health Interventions on Health-Related Outcomes in the Workplace: A Systematic Review," *Digital health*, 4, 2055207618770861.

Iizuka, T. and H. Shigeoka(2022), "Is Zero a Special Price? Evidence from Child Health Care," *American Economic Journal: Applied Economics*, 14(4), 381~410.

______(2023), "Asymmetric Demand Response When Prices Increase and Decrease:

The Case of Child Health Care," *Review of Economics and Statistics*, 105(5), 1325~1333.

Jacobson, M., C. C. Earle, M. Price, and J. P. Newhouse(2010), "How Medicare's Payment Cuts for Cancer Chemotherapy Drugs Changed Patterns of Treatment," *Health Affairs*, 29(7), 1391~1399.

Jo, M., Y. Lee, and T. Kim(2023), "Medical Care Costs at the End of Life Among Older Adults With Cancer: A National Health Insurance Data-Based Cohort Study," *BMC Palliative Care*, 22(1), 76.

Jung, Y. S., Y. E. Kim, M. Ock, and S. J. Yoon(2024), "Measuring the Burden of Disease in Korea Using Disability-Adjusted Life Years (2008-2020)," *Journal of Korean Medical Science*, 39(7), e67.

Keeler, E. B. and J. E. Rolph(1988), "The Demand for Episodes of Treatment in the Health Insurance Experiment," *Journal of Health Economics*, 7(4), 337~367.

Kim, D. and H. Park(2011), "Measuring Living Standards from the Lowest: Height of the Male Hangryu Deceased in Colonial Korea," *Explorations in Economic History*, 48, 590~599.

Kim, D. and H. Jung(2020), "The Impact of Cigarette Tax Increases on Men's Smoking Behavior: Evidence from a 2015 Cigarette Tax Hike in South Korea," *Social Science Journal*, 57(4), 485~507.

Kim, H. B. and S. Lee(2017), "When Public Health Intervention is not Successful: Cost Sharing, Crowd-Out, and Selection in Korea's National Cancer Screening Program," *Journal of Health Economics*, 53, 100~116.

Kim, T. and J. Kim(2013), "Evaluating Long-Term Impacts of Sustained Mass Deworming: South Korea 1969-1995," Working Paper.

Kim, Y. and J. Lee(2014), "The Long-Run Impact of a Traumatic Experience on Risk Aversion," *Journal of Economic Behavior and Organization*, 108, 174~186.

Kim, Y. Y., U. N. Kim, Y. S. Kim, and J. S. Lee(2016), "Factors Associated with the Specialty Choice of Korean Medical Students: a Cross-sectional Survey," *Human Resources for Health*, 14, 1~8.

Ko, H.(2020), "Moral Hazard Effects of Supplemental Private Health Insurance in

Korea," *Social Science & Medicine*, 265, 113325.

Kwon, I. and D. Jun(2015), "Information Disclosure and Peer Effects in the Use of Antibiotics," *Journal of Health Economics*, 42, 1~16.

Lee, C.(2005), "Wealth Accumulation and the Health of Union Army Veterans, 1860-1870," *Journal of Economic History*, 65, 352~385.

______(2014a), "In-Utero Exposure to the Korean War and Its Long-Term Effects on Economic and Health Outcomes," *Journal of Health Economics*, 33, 76~93.

______(2014b), "Intergenerational Consequences of In-Utero Exposure to Maternal Stress: Evidence from the 1980 Kwangju Uprising," *Social Science & Medicine*, 119, 284~291.

______(2018), "Nutrition, Health, and Human Capital Development: Evidence from South Korea, 1946-1977," Working Paper.

______(2023), "Effect of Changing Business Condition on Prenatal Health," *Seoul Journal of Economics*, 36(2), 247~268.

Lee, C. and K. Kim(2017), "Changing Relations between Unemployment and Mortality in South Korea," *Health Economics*, 26(12), 1630~1636.

Lee, Y., M. Jo, T. Kim, and K. Yun(2021), "Analysis of High-Intensity Care in Intensive Care Units and Its Cost at the End of Life Among Older People in South Korea Between 2016 and 2019: A Cross-Sectional Study of the Health Insurance Review and Assessment Service National Patient Sample Database," *BMJ Open*, 11(8), e049711.

Manning, W. G., J. P. Newhouse, N. Duan, E. B. Keeler, and A. Leibowitz(1987), "Health Insurance and the Demand for Medical Care: Evidence from a Randomized Experiment," *American Economic Review*, 77(3), 251~277.

Mcguire, T. G.(2000), "Chapter 9-Physician Agency," in A. J. Culyer and J. P. Newhouse, eds., *Handbook of Health Economics*, Elsevier.

Murphy, K. and R. Topel(2003), "The Economic Value of Medical Research," in K. Murphy and R. Topel, eds., *Measuring the Gains from Medical Research*, University of Chicago Press.

Newhouse, J. P.(1993), *Free for All?: Lessons from the RAND Health Insurance*

Experiment, Harvard University Press.

Nguyen, N. X. and F. W. Derrick(1997), "Physician Behavioral Response to a Medicare Price Reduction," *Health Services Research*, 32(3), 283~298.

OECD, Health Statistics 2025(URL: https://data-explorer.oecd.org).

Pauly, M. V.(1968), "The Economics of Moral Hazard: Comment," *American Economic Review*, 58(3), 531~537.

Phelps, C. E.(1986), "Induced Demand-Can We Ever Know Its extent?," *Journal of Health Economics*, 5(4), 355~365.

______(2017), *Health Economics*, 6th edn., New York: Routledge.

Powell, L. M. and F. J. Chaloupka(2009), "Food Prices and Obesity: Evidence and Policy Implications for Taxes and Subsidies," *Milbank Quarterly*, 87(1), 229~257.

Rice, T. H.(1983), "The Impact of Changing Medicare Reimbursement Rates on Physician-induced Demand," *Medical Care*, 21(8), 803.

Rossiter, L. F. and G. R. Wilensky(1984), "Identification of Physician-Induced Demand," *Journal of Human Resources*, 19(2), 231~244.

Ruhm, C.(2000), "Are Recessions Good for Your Health?," *Quarterly Journal of Economics*, 115(2), 617~650.

______(2015), "Recessions, healthy no more?," *Journal of Health Economics*, 42, 17~28.

Shigeoka, H. and K. Fushimi(2014), "Supplier-Induced Demand for Newborn Treatment: Evidence from Japan," *Journal of Health Economics*, 35, 162~178.

Shin, J. and K. Kim(2022), "Limited Attention in Beverage Choice: Evidence from a Field Experiment," *Journal of Behavioral and Experimental Economics*, 96, 101789.

Steckel, R. H.(1986), "A Peculiar Population: The Nutrition, Health, and Mortality of American Slaves from Childhood to Maturity," *Journal of Economic History*, 46(3), 721~741.

Steckel, R. H. and R. Floud(1997), *Health and Welfare during Industrialization*, University of Chicago Press.

Thornton, J. and F. Esposto(2003), "How Important are Economic Factors in Choice of Medical Specialty?," *Health Economics*, 12(1), 67~73.

U.S. Department of Health, Education, and Welfare(1964), *Smoking and Health: Report of the Advisory Committee to the Surgeon General of the Public Health Service*, Washington, D.C.: U.S. Government Printing Office.

Woodward, R. and F. Warren-Boulton(1984), "Considering the Effects of Financial Incentives and Professional Ethics on 'Appropriate' Medical Care," *Journal of Health Economics*, 3(3), 223~237.

Yang, H. J., S. Park, T. Y. Yoon, J. H. Ryoo, S. K. Park, J. Y. Jung, J. H. Lee, and C. M. Oh(2022), "Nationwide Changes in Physical Activity, Nutrient Intake, and Obesity in South Korea during the COVID-19 Pandemic Era," *Frontiers in Endocrinology*, 13.

Yang, S., K. Chu, and V. Kreng(2021), "The Impact of Global Budgeting on the Efficiency of Healthcare under a Single-Payer System in Taiwan," *International Journal of Environmental Research and Public Health*, 18(20), 10983.

Yip, W. C.(1998), "Physician Response to Medicare Fee Reductions: Changes in the Volume of Coronary Artery Bypass Graft (CABG) Surgeries in the Medicare and Private Sectors," *Journal of Health Economics*, 17(6), 675~699.

찾아보기